Bibliografische Information der Deutschen Nationalbibliothek

Die Deutsche Nationalbibliothek verzeichnet diese Publikation in der Deutschen Nationalbibliografie;
detaillierte bibliografische Daten sind im Internet über http://dnb.dnb.de abrufbar.

Das große Praxisbuch zum wertschätzenden Miteinander

101 Übungen zur Inspiration
Ihrer Seminare und Gruppen auf Basis
der Gewaltfreien Kommunikation

von Irmtraud Kauschat und Birgit Schulze

Inhalt

Die Kürzel hinter den Übungstiteln verweisen auf die Anzahl der Teilnehmer/innen für eine Übung: **E = Einzeln, P = Paar, KG = Kleingruppe, PL = Plenum**

Vorwort von Frank Gaschler

Ich weiß es noch ganz genau: Da war dieses GFK-Seminar damals in Berlin – oder war es Aachen? Na egal! Auf jeden Fall haben wir da diese Übung gemacht. Da ging's irgendwie um Empathie. Nicht einfach so. Nein, das war schon besonders. Ich glaub, wir saßen im Kreis und jeder schrieb was auf 'nen Zettel. Was war nur die Fragestellung? *„Wann hast du dich geärgert?"* Oder: *„Wann hast du deine Partnerin geärgert?"* Oder: *„Was ärgert dich überhaupt???"* Genau irgendwie etwa so. Ich weiß auf jeden Fall noch, dass ich total berührt war und sich dadurch in unserer Partnerschaft echt was verändert hat. Ich glaub, ich mach das heute Abend in meiner Übungsgruppe. Die werden total begeistert sein. Jetzt muss ich mir nur noch überlegen, welche Farbe die Zettel haben sollen...

Wenn wir es mal reduzieren, dann ist das Schema der Übungen auf Basis der Gewaltfreien Kommunikation recht einfach. Im Wesentlichen geht es um Gefühle und Bedürfnisse – meine oder deine – erfüllt oder nicht erfüllt – gefeiert oder bedauert. Dazu dann noch je nach Aufgabenstellungen Beobachtungen und Bitten, dazu ein *„Nein"* und dann der Umgang damit. Aus diesen Zutaten entstehen allerdings unzählige Übungen, die so unterschiedliche Bereiche des menschlichen Miteinanders beleuchten können wie Konfliktgespräche, Glaubenssatzarbeit, Selbstempathie, Bearbeitung von Traumata, Ausdruck von Wertschätzung und Freude, usw.

Als Trainer oder Übungsgruppenleiter besteht die Kunst darin, diejenige Übung anzubieten, die gerade hilfreich erscheint und dabei möglichst klar zu sein in den Anweisungen. Ansonsten reden alle „über" die Übung, statt zu üben. Ich freue mich sehr über das vorliegende Buch mit einer Sammlung von Schätzen unterschiedlicher Trainer. Ich feiere die Kreativität und die Freude am Teilen und die Leichtigkeit, die entstehen kann, wenn wir in Trainings weniger die Aufmerksamkeit auf das „wie", denn auf die empathische Begegnung und das Lernen richten können.

Frank Gaschler
Autor von: „Ich will verstehen, was Du wirklich brauchst – Gewaltfreie Kommunikation mit Kindern."
Das Projekt Giraffentraum.

13

Einleitung

Die Autorinnen

 **Birgit Schulze** begeistert sich seit Jahren für die Gewaltfreie Kommunikation (GFK) und damit auch für deren Einsatz im Arbeitsleben. Zur GFK kam sie jedoch durch ihre Kinder. Ihr ging es um einen verbindenden Austausch auch in für sie schwierigen Situationen, in denen sie ihren Kindern auf Augenhöhe begegnen möchte. Sie wollte auf Aussagen verzichten, die eine „wenn-dann"-Forderung nach sich ziehen, wie *„Wenn Du jetzt nicht den Tisch mit abräumst, dann werde ich echt sauer!"* Die GFK unterstützte sie schnell dabei, ihren Kindern anders zu begegnen.

Gleichzeitig entdeckte Birgit Schulze die Gewaltfreie Kommunikation für den Einsatz im Arbeitsleben. Als Reklamations- und Beschwerdemanagerin setzte sie die GFK bei ihren Kunden und Kollegen wirkungsvoll ein. Die GFK gab ihr erstmals die Sicherheit einem aufgebrachten Kunden mit Ruhe zu begegnen. Sie verlor die Angst vor emotional aufgeladenen Situationen und trug dank der GFK zu einem positiven Ausgang der Reklamation- bzw. Beschwerde bei.

Sie hat mehrere intensive Trainings in GFK genossen und sich inzwischen als Wirtschaftsmediatorin ausbilden lassen. Heute arbeitet Birgit Schulze als freiberufliche Trainerin für Gewaltfreie Kommunikation und Wirtschaftsmediatorin. Birgit Schulze ist aktives Mitglied des Netzwerkes Gewaltfreie Kommunikation Darmstadt-Südhessen e.V

Die Idee zu diesem Buch entstand in einem GFK-Vertiefungsseminar, an dem Birgit Schulze als GFK-Übende teilnahm und Irmtraud Kauschat als Trainerin kennenlernte.

Irmtraud Kauschat kam erstmals 1994 mit GFK in Berührung. Sie war damals als Begleiterin auf einem „Intercultural Peace Camp" in Ungarn, das für Jugendgruppen aus verschiedenen west- und ost-europäischen Ländern sowie Serbien, Kroatien und Bosnien veranstaltet wurde. Das war gerade nach dem Krieg zwischen Serbien und Kroatien. Sie war beeindruckt über die friedliche Atmosphäre, die zwischen den Jugendlichen aus Serbien und Kroatien herrschte. Sie fand heraus, dass die serbischen Jugendlichen mit GFK-Trainerinnen aus Belgrad dort waren, die auch einen GFK-Workshop gaben. Wie sie die beiden Trainerinnen erlebte in der teilweise sehr spannungsgeladenen Nachkriegsatmosphäre, machte sie sehr neugierig auf die Gewaltfreie Kommunikation.

Sie blieb weiter mit der Gewaltfreien Kommunikation in Kontakt und integrierte sie in ihr persönliches und berufliches Leben als Ärztin und Trainerin. Die Menschen, die zu ihr in die Praxis kommen, profitieren davon, weil sie in der Sprechstunde Einfühlung bekommen, etwas über ihre unerfüllten Bedürfnisse erfahren und sie mit ihnen versucht herauszufinden, wie sie diese erfüllen können.

1996 und 1997 gab sie Kurse in Gewaltfreier Kommunikation in Kroatien und Bosnien. Seit 2006 ist sie zertifizierte Trainerin (CNVC), seit 2007 bietet sie Ausbildungskurse an. Sie ist seit 2007 regelmäßig als GFK-Trainerin in Kenia tätig, in den letzten Jahren auch in Israel, Island und der Ukraine.

Sie ist Mitbegründerin und Vorsitzende des Netzwerkes Gewaltfreie Kommunikation Darmstadt-Südhessen e.V. und des Netzwerkes D-A-CH deutsch sprechender Gruppen für Gewaltfreie Kommunikation e.V.

Wertschätzung

Unsere Wertschätzung geht an Frank Eberhard, der die Idee hatte, ein Büchlein zur GFK mit Übungen zu schreiben. Ohne diese Idee wäre dieses Buch nicht geschrieben worden.

Und ohne das Zutun der folgenden Personen wäre das Buch nicht das geworden, was es jetzt ist. Wir danken Nicole Leipert-Knaup für die Zusammenarbeit zu den Schlüsselunterscheidungen und die von ihr beigetragenen Übungen, Suse Schmitt für die graphische Gestaltung und den sicheren Blick für kleine und große Fehler, Yo Rühmer für die Illustrationen, Foto Studio Hirch für die Fotos, Frank Gaschler für das Vorwort, Joachim Born, Margrit Engel-Lippert, Petra Reuter und Christiane Welk für das Korrekturlesen, Uwe Peter für das Lektorat und seine immer wieder kehrenden Ratschläge in Bezug auf unser Expertentum.

Einige Übungen wurden uns geschenkt oder haben wir von anderen geliehen. Dafür drücken wir den folgenden Personen unsere Wertschätzung aus: Bridget Belgrave und Gina Lawrie, Stefan Fuchs, Frank und Gundi Gaschler, Nada Ignjatovic (†), Miki und Inbal Kashtan († 2014), Nicole Leipert-Knaup, Kathleen McFerran, Monika Oboth, Milli O'Naire (†), Katharina Ossko, ...

Mein persönlicher Dank gilt außerdem meinem Mann Stefan und meinen beiden Kindern Jean und Ben, die mir während der Entstehung die notwendige Zeit und Ruhe gelassen haben. (Birgit Schulze)

Mein persönlicher Dank gilt Christa Morf und Laurence Reichler, die meine ersten Gehversuche mit der GFK über einige Jahre begleitet haben sowie den vielen Kursteilnehmerinnen und Kursteilnehmern, die bereitwillig mit mir geübt haben. (Irmtraud Kauschat)

Danke auch besonders an Marshall B. Rosenberg, der uns die GFK geschenkt hat.

Unsere Intention

Mit diesem Buch wollen wir Menschen, die Gewaltfreie Kommunikation weitergeben und solche, die schon Erfahrung mit der GFK gesammelt haben, ein Übungsbuch an die Hand geben. Sie finden in diesem Buch zahlreiche Übungen zu den GFK relevanten Themenbereichen. Es handelt sich dabei um Übungen, die uns bereichert und oft auch viel Freude, Verbindung und Wachstum ermöglicht haben. Möglicherweise wurden noch mehr Bedürfnisse erfüllt. So entstand im Laufe der Zeit eine Sammlung zu den unterschiedlichen Bereichen der GFK. Einige Übungen haben wir neu-, andere weiterentwickelt. Manche Übungen wurden uns geschenkt und wieder andere sind uns so wichtig, dass wir sie von anderen Trainern übernommen haben (diese sind speziell gekennzeichnet). Wir hoffen, mit dieser Sammlung einen Beitrag zur Entwicklung des GFK-Bewusstseins für Interessierte zu leisten und gleichzeitig Trainerinnen ein Spektrum an Übungen zur Verfügung zu stellen. Die Übungen können für Anfänger und Fortgeschrittene eingesetzt werden. Manche Übungen eignen sich zur Einzelarbeit, andere können als Partnerübungen durchgeführt werden und wieder andere in Kleingruppen oder im Plenum. Jede Übung ist entsprechend gekennzeichnet. Dies dient als Erleichterung zur Planung Ihrer Seminare/Übungseinheiten.

Über Ihr Feedback freuen wir uns, denn es zeigt uns, dass das Buch gelesen und auch benutzt wird. Wir wünschen Ihnen viel Spaß und Wachstum.

Zum Aufbau des Buches

Zu Beginn finden Sie eine kurze **Einführung in die Gewaltfreie Kommunikation.** Darin beschreiben wir für Sie die Geschichte der GFK, die Grundannahmen sowie die Methode. Daran schließen sich die **13 Kapitel zu den verschiedenen Übungsbereichen** zur Planung Ihrer Trainingseinheiten an. Am Ende jedes Übungskapitels haben wir Leerseiten mit unserer Übungsstruktur eingefügt. Diese können Sie dazu nutzen, dieses Buch um **„Meine eigene Übung"** zu ergänzen. So können Sie beim Planen Ihrer Übungseinheiten auch auf Ihren eigenen Übungsvorrat zurückgreifen.

In dem Kapitel **Schlüsselunterscheidungen** wollen wir anregen herauszufinden, in welchen Situationen Sie auf der Basis des GFK-Bewusstseins kommunizieren bzw. wo Sie sich weiter in diese Richtung entwickeln wollen.

 Im **kostenlosen Downloadbereich** zu diesem Buch finden Sie Kopiervorlagen, die wir für unsere Seminare entwickelt haben und sie auf diesem Wege mit Ihnen teilen. Wir freuen uns, wenn Sie diese nutzen und uns dabei als Autorinnen angeben. **www.gewaltfrei-uebungen.de**

Ihr Feedback ist uns wichtig

Wir wünschen uns Rückmeldung zu unserem Buch. Vielleicht finden Sie an einigen der Übungen besonderen Gefallen oder Sie entwickeln selbst Ideen zu Variationen? Möglicherweise enthält dieses Buch Ihre Lieblingsübung auch gar nicht? Wenn Sie möchten, schicken Sie uns Ihre Übungen. In einer weiteren Auflage nehmen wir diese gerne unter Nennung der Autorin auf. Als Dankeschön erhalten Sie ein Gratisexemplar der neuen Auflage, handsigniert.

Über Ihr Feedback freuen wir uns, denn es zeigt uns, dass das Buch gelesen und auch benutzt wird. Wir wünschen Ihnen viel Spaß und Wachstum! Sprechen Sie uns an oder schreiben Sie uns (z. B. per E-Mail: irmtraudkauschat@yahoo.de oder info@birgitschulze.com).

Ihre Irmtraud Kauschat und Birgit Schulze

Die Übungen und Methoden

Schreibweise und Ansprache

Wir verwenden in diesem Buch zur besseren Lesbarkeit männliche und weibliche Formulierungen. Gemeint sind in jedem Fall Frauen und Männer.

Struktur der Übungsbeschreibungen

Die Übungen sind alle in derselben Weise beschrieben / strukturiert: Sie erkennen auf einen Blick, welche **Wachstumsmöglichkeit** die jeweilige Übung bietet. Wenn eine Übung mit einer bestimmten **Methode** durchgeführt werden kann, haben wir das entsprechend beschrieben. So können Sie Ihre Übungseinheiten durch abwechslungsreiche Methoden ergänzen.

Sie sehen, für welche **Anzahl der Übenden** die Übung aus unserer Sicht sinnvoll erscheint. Wir haben dies durch die Kürzel auch in den jeweiligen Überschriften gekennzeichnet:

E = Einzelübung
P = Paarübung
KG = Kleingruppe
PL = Plenum

So können Sie bereits bei Durchsicht des Inhaltsverzeichnisses gezielt Übungen nach diesem Kriterium finden.

Die **Dauer der Übung** haben wir nach unserer Erfahrung angegeben. Diese kann jedoch in Ihrem Übungsfall individuell abweichen. Es ist eine Richtlinie zur Planung Ihrer eigenen Seminare oder persönlichen Übungseinheiten.

Sofern **Material** für eine Übung notwendig ist, haben wir auch dieses für Sie beschrieben. Im kostenlosen Downloadbereich zu diesem Buch finden Sie zahlreiche **Kopiervorlagen** zur Ihrer Anregung / Unterstützung, auf die Sie gerne zur Ausführung Ihrer Übungen zurückgreifen können. Materialien, die Sie vorbereiten, können Sie für zahlreiche andere Übungen ebenso nutzen. Viele Übungen kommen ganz ohne Übungsmaterialien aus.

Die **Beschreibung der Übung** gibt Ihnen einen Überblick über den Ablauf / die Struktur der Übung. Manche Übungen haben wir mit Beispielen angereichert. In einigen Übungen werden Sie auf folgende Personen stoßen, die Ihnen helfen, den komplexen Übungsablauf leichter zu verstehen: Ayse, Maria und Petra sowie Ben, Hans und Kemal.

Viele der beschriebenen Übungen können in unterschiedlichen Variationen ausgeführt werden. Das macht die Übung offener und somit für Sie möglicherweise attraktiver.

Verwendete Methoden

Grundlage der Übungen sind verschiedene Arbeitsmethoden, die wir zur erfolgreichen Umsetzung der Übungen anwenden. Die Übungen können ohne großen Aufwand durchgeführt werden. Im Folgenden sind die von uns verwendeten Methoden beschrieben, damit Sie die Übungsanleitungen nachvollziehen können:

Karten – In vielen Übungen setzen wir Karten ein. Je nach Übung beinhalten diese Begriffe zu Bedürfnissen oder Gefühlen. Wir empfehlen, die Kopiervorlagen auszudrucken, zuzuschneiden und dann zu laminieren. So sind diese Karten wiederholt für Sie einsetzbar.

Bodenanker – In einigen Übungen verwenden wir Karten als Bodenanker. Die Karten sind mit unterschiedlichen Begriffen beschriftet, z. B. mit Bedürfnissen oder jeweils einem der vier Schritte (Beobachtung, Gefühl, Bedürfnis, Bitte). Der Übende wird so immer wieder an eine bestimmte Struktur erinnert, die ihn im Übungsprozess unterstützt.

Die Verwendung von Bodenankern hat den Vorteil, dass über die kinästhetische Erfahrung in den unterschiedlichen Schritten das Erlebte besser verankert wird. Es bietet sich an, diese Bodenankerkarten auf farbiges Papier auszudrucken und anschließend zu laminieren. So können sich die Teilnehmer darauf stellen. Sie können die Bodenankerkarten auch an Stühlen befestigen und die Teilnehmer bitten, sich darauf zu setzen.

Tanzparkette (dance floor) – Diese wurden von Bridget Belgrave und Gina Lawrie entwickelt. Es gibt Tanzparkette für innere Prozesse (Selbsteinfühlung – vier Schritte, Ärger, Ja-Nein, Erzieher und Entscheider) sowie für die Kommunikation mit anderen Personen (13-Schritte, in drei Stufen). Weitere Informationen und Bestellmöglichkeit finden Sie unter: **www.life-resources-shop.com**. Zum Hintergrund: Die Bodenankerkarten bestehen im Wesentlichen aus den vier Schritten. Diese geben eine bestimmte Struktur einer Übung (z. B. Selbsteinfühlungsprozess) vor. Im Verlauf des Prozesses können sich die Teilnehmer an diesen Karten orientieren und sich immer wieder auf die entsprechende Karte stellen. Da diese Karten in einer bestimmten Reihenfolge aufgelegt werden (Bewertungen und Urteilen zuhören, Beobachtung, Gefühl, Bedürfnis, Bitte), es im Prozess jedoch vorkommt, dass jemand von einer Beobachtung zum Bedürfnis und von dort zum Gefühl und danach zur Bewertung und Urteil usw. geht, haben Bridget Belgrave und Gina Lawrie den Begriff „Tanzparkett" (dance floor) für diese Art des Prozesses gewählt.

Aufstellungen – Eine Aufstellung wird durch die Trainerin begleitet. Sie bittet die Person, die für ihr Thema eine Aufstellung wünscht, Personen als Stellvertreter auszuwählen. Diese repräsentieren als Stellvertreter die entsprechende Person oder stellen abstrakte Begriffe (z. B. Geld) oder Bedürfnisse dar. Die aufstellende Person weist den Stellvertreterinnen einen Platz im Raum zu und setzt sie dadurch in Beziehung zueinander. Die aufgestellten Personen spüren in sich hinein, wie es ihnen in dieser Position geht, was sie brauchen, damit sie sich gut fühlen. Vielleicht ist es eine Bewegung oder eine Geste. Im weiteren Verlauf erspüren die Stellvertreter das jetzt lebendige Gefühl sowie das erfüllte/unerfüllte Bedürfnis. Häufig geht es um Wertschätzung und / oder Einfühlung. Die Stellvertreterin der aufstellenden Person wird gefragt, ob es ihr möglich ist, in ihrer Rolle Wertschätzung zu geben. Unter Umständen braucht sie davor noch Einfühlung für sich selbst.

Rollenspiele – Ähnlich wie bei der Aufstellungsarbeit schlüpfen auch hier verschiedene Teilnehmer in die Rollen anderer Personen, um Situationen zu simulieren. Durch diese Übungsform können Situationen durchgespielt, Verbindung geschaffen und gegebenenfalls auch Lösungen entwickelt werden.

Szenische Darstellungen – Bei dieser Methode stellen die Teilnehmerinnen die entsprechende Situation pantomimisch dar oder nehmen eine entsprechende Haltung ein.

Verankerung – Die Verankerung dient dazu die Transformation des Bewusstseins, die die Teilnehmerinnen durch einen Prozess im Übungsverlauf erlebt haben, nachhaltig zu integrieren. Dies kann sich in einem Gefühl der Erleichterung, der Freude, in tiefem Durchatmen, oder auch Entspannung ausdrücken. Bei einer Verankerung wird dieses Gefühl mit der Transformation des Bewusstseins folgendermaßen verknüpft:

· durch eine Handbewegung, z.B. die Hand aufs Herz legen
· durch einen Satz, den die Teilnehmerin mehrmals wiederholt und sich jeden Tag wieder sagt
· durch eine Veränderung, wie die Uhr für eine gewisse Zeit rechts statt links zu tragen
· durch Imagination eines bestimmten Bildes
· oder durch eine Melodie
· oder ...

Einführung in die
Gewaltfreie Kommunikation

1. Marshall B. Rosenberg, Begründer der Gewaltfreien Kommunikation

Die Gewaltfreie Kommunikation wurde in den 60er Jahren des letzten Jahrhunderts von Dr. Marshall B. Rosenberg, einem amerikanischen Psychologen entwickelt. Die Basis bildet die Klientenzentrierte Psychotherapie und Humanistische Psychologie nach Carl Rogers. In späteren Jahren fügte Rosenberg das Konzept der universellen = von allen Menschen geteilten Bedürfnisse nach Manfred Max-Neef hinzu als Erklärung für menschliches Handeln.

Marshall Rosenberg wurde 1934 geboren und wuchs als jüdischer Junge in Detroit auf, inmitten von Rassenunruhen. Er erlebte, dass sein Name Auslöser für andere war, ihm Gewalt anzutun. Gleichzeitig erlebte er auch Menschen, die, obwohl sie unter starken Belastungen standen, einfühlsam blieben und zum Wohlergehen anderer beitrugen. Er ging der Frage nach, wie es dazu kommt, dass es Menschen gibt, die anscheinend gerne zum Wohlergehen anderer beitragen und daneben Menschen, die einander Gewalt antun.

25

2. Zum Begriff der Gewaltfreien Kommunikation

Den Begriff der „Gewaltfreien Kommunikation" entlehnte Rosenberg dem indischen Sanskrit-Wort „Ahimsa", das von Gandhi verwandt wurde. Übersetzt bedeutet Ahimsa Gewaltlosigkeit. (Nach Gandhis Auffassung schließt das Konzept Ahimsa nicht nur physische Gewalt aus, sondern auch geistige. Dazu zählte er üble Gedanken und Hass ebenso wie verletzende Worte, Unredlichkeit und Lüge. Koshelya Walli: *The Conception of Ahimsa in Indian Thought*, Varanasi 1974, S. XXII–XLVII; William Borman: *Gandhi and Non-Violence*, Albany 1986, S. 11f.)

In unserem Kulturkreis führt der Begriff manchmal zu Verwirrung. Menschen sagen oft, sie seien doch gar nicht gewalttätig und denken dabei an körperliche Gewalt. Der Gewaltbegriff, den Rosenberg verwendet, geht über den der körperlichen Gewalt hinaus. Er beinhaltet z. B. auch verbale Gewalt in Form von Verurteilungen und Beschämungen. Diese Form der Gewalt können Menschen anderen und sich selbst gegenüber anwenden. Ein Ziel der Gewaltfreien Kommunikation ist es, zu einem wertschätzenden Umgang

mit sich selbst und anderen beizutragen. Körperliche Gewalt ist ebenso wie verbale Gewalt ein schmerzhafter Ausdruck nicht erfüllter Bedürfnisse.

2.1 Gewaltfreie Kommunikation

In der Gewaltfreien **Kommunikation** geht es um Kommunikation, sei es mit sich selbst oder anderen. Es gibt im Deutschen ein Sprichwort, das diesen Aspekt ganz treffend beschreibt: *„Wie man in den Wald hineinruft, so schallt es auch wieder heraus."*

Fügt man dann noch den Bibelspruch: *„Liebe deinen Nächsten WIE DICH SELBST"* hinzu, wird das Anliegen der Gewaltfreien Kommunikation ziemlich treffend beschrieben. Es geht darum, dass Menschen anfangen, sich selbst zu lieben, mit sich selbst liebevoll umzugehen, sich anzunehmen wie sie sind.

Wenn das gelingt, hören sie auf, sich selbst zu verurteilen, klein zu machen, sich zu beschämen und dies an Menschen in ihrer Umgebung weiterzugeben. Mit Sicherheit gibt es auch dann noch Situationen, in denen sie gerne anders gehandelt hätten, wenn sie auf sie zurückblicken. Sie werden das bedauern, vielleicht auch traurig oder frustriert sein. Das fühlt sich dann anders an als früher. Sie sind damit in der Gegenwart und können überlegen, ob sie etwas tun wollen und können, um diese Situation zu verändern.

Wenn Menschen aufhören, sich zu verurteilen und klein zu machen oder sich zu beschämen und sich stattdessen annehmen, wie sie sind, können sie das ebenfalls Schritt für Schritt mit anderen tun. Dabei helfen die folgenden Prinzipien der Gewaltfreien Kommunikation.

2.2 Die Prinzipien der Gewaltfreien Kommunikation

· Alle Menschen, unabhängig von Geschlecht, Herkunft und Kultur, haben dieselben Bedürfnisse.
· Alles, was Menschen tun, dient oder soll dazu dienen, diese Bedürfnisse zu erfüllen – manchmal geschieht das auf eine Weise, die die Kommunikation unterbricht, anderen Menschen sogar körperlichen oder seelischen Schaden zufügt.

- Dieses anzuerkennen heißt nicht, die Handlungsweisen des anderen zu billigen.
- Die Erfüllung der Bedürfnisse ist nicht an eine bestimmte Person oder Handlung geknüpft.
- Die Gefühle werden von Handlungen anderer **ausgelöst** und **nicht verursacht**.
- Die Ursache der Gefühle sind die eigenen unerfüllten oder erfüllten Bedürfnisse.

Ein einfaches Beispiel:
Wenn Sie das Wort „Mutter" hören, haben Sie bestimmte Assoziationen dazu. Hatten Sie eine liebevolle Mutter, werden Sie andere Gefühle beim Hören des Worts haben als wenn Sie eine Mutter hatten, die Sie häufig mit dem Stock geschlagen oder in einen dunklen Keller gesperrt hat. Sie werden andere Gefühle haben, wenn Ihre Mutter früh gestorben ist oder heute noch lebt. Der Mensch, der das Wort „Mutter" ausspricht, weiß das alles nicht. Durch das Aussprechen löst er in Ihnen Gefühle aus, die mit Ihren Bedürfnissen zu tun haben, die Ihre Mutter Ihnen erfüllt oder nicht erfüllt hat.

3. Bewusstsein und Methode

Es gibt zwei Aspekte der Gewaltfreien Kommunikation:
1. **die Haltung/das Bewusstsein**, aus dem heraus jemand handelt und
2. **die Methode** mit den 4 Schritten: Beobachtung, Gefühle, Bedürfnisse und Bitten.

Die Methode und das Bewusstsein können sich gegenseitig bedingen. Es ist wichtig für die persönliche Entwicklung und für eine verbindende Kommunikation nicht bei der Methode stehenzubleiben. Sonst wird der Versuch gewaltfrei zu kommunizieren, als hohl oder mechanisch wahrgenommen. Das kann zu Misstrauen bei den Angesprochenen führen. (*„Was will die denn von mir?" „Kann die nicht normal reden?"*).

So hat Rosenberg gesagt:

„Bei der Gewaltfreien Kommunikation geht es um Worte.
Bei der Gewaltfreien Kommunikation geht es NICHT um Worte,
es geht um die Haltung / das Bewusstsein."

Das bedeutet, dass es wichtig sein kann, welche Worte jemand benutzt. Sagt Maria: *„Du bist Schuld, dass es mir schlecht geht" / „Sie sind inkompetent!"*, dann ist es sehr wahrscheinlich, dass Ben das als Vorwurf hört und nicht mehr weiter zuhören will. Häufig steckt hinter diesen Aussagen die Haltung, Ben die Verantwortung dafür zu geben wie es Maria geht.

Spricht Maria hingegen in dem Bewusstsein, dass Ben sich mit dem, was er getan / gesagt hat, ein Bedürfnis erfüllen wollte, ist es sehr viel wahrscheinlicher, dass das, was sie sagt, eine Verbindung herstellen kann, auch unabhängig von den Worten, die sie benutzt. Es kann die Entwicklung des Bewusstseins unterstützen, wenn Maria auf ihre Worte achtet. In den oben genannten Beispielen könnten ihre Aussagen folgendermaßen lauten:

28

„Wenn ich sehe, dass Du das Bad nicht geputzt hast, wie wir ausgemacht hatten, bin ich frustriert. Ich bin müde und brauche Unterstützung und Erholung. Im Moment bin ich ratlos, wie ich mir das erfüllen kann. Bist du bereit mir zu sagen, was du von mir gehört hast / wie es dir damit geht?"

„Wenn Sie mich heute zum vierten Mal fragen, wie dieser Vorgang bearbeitet wird, bin ich ratlos, wie ich beitragen kann, dass Sie diese Arbeit selbständig erledigen können und ich in Ruhe an meiner Arbeit dranbleiben kann. Wären Sie bereit, sich den Ablauf aufzuschreiben?"

Gleichzeitig kann die Gewaltfreie Kommunikation auch nur als Methode angewendet werden z. B. in einer Mediation, im Coaching, im Sinne von Restorative Justice = wiederherstellender Gerechtigkeit. Hier hat die Mediatorin, der Coach die entsprechende Haltung und ist bereit, die anderen als Menschen zu sehen, die versuchen, ihre Bedürfnisse zu erfüllen.

Dazu ein Beispiel:

Ein Paar kommt zur Beratung, weil beide darüber verzweifelt sind, dass der Mann sie schlägt. Im Verlauf der Sitzung wird klar, dass er das tut, wenn er sich hilflos fühlt. Als Mediator können Sie aus dieser Haltung heraus den Klienten zum Einstieg einfühlsam fragen, zum Beispiel:

„Fühlen Sie sich manchmal so hilflos, wenn sie Streit miteinander haben, dass Sie dann nur noch schlagen können, um auf Ihre Not aufmerksam zu machen, um gesehen zu werden?"

3.1 Das GFK-Bewusstsein

Das GFK-Bewusstsein ist der entscheidende Aspekt der Gewaltfreien Kommunikation. Es basiert auf der Anwendung der Prinzipien,

· dass wir alle Menschen sind, die dieselben Bedürfnisse haben,
· dass jede Aktion dazu dient ein Bedürfnis zu erfüllen, ohne die Aktion zu billigen.

Das Bewusstsein bestimmt die Absicht, mit der jemand handelt bzw. auf eine Handlung eines anderen Menschen reagiert. Will jemand eine Verbindung mit dem anderen herstellen oder will er sich „rächen, es ihm zeigen, ihn zu etwas zwingen"? Diese Absicht hat einen großen Einfluss auf das Gelingen der Kommunikation. Sie entscheidet mit darüber, ob es möglich ist, eine Verbindung zum anderen Menschen herzustellen oder nicht.

Gleichzeitig ist die Absicht nicht allein bestimmend, wie Handlungen und Mitteilungen aufgenommen werden. Es entzieht sich der Kontrolle des Handelnden, was der andere hört oder wie er die Handlung interpretiert.

29

3.2 Die Methode – die vier Schritte (ein Überblick)

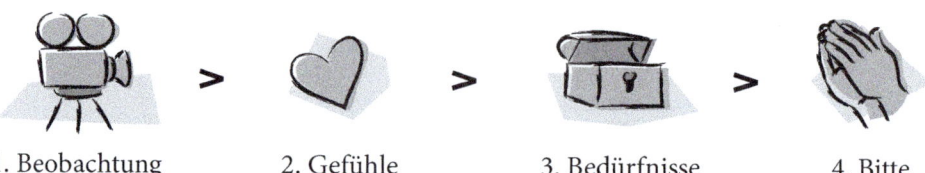

1. Beobachtung   2. Gefühle   3. Bedürfnisse   4. Bitte

1. Die (wertfreie) Beobachtung

Der **erste** Schritt: Sie teilen eine wertfreie Beobachtung mit. In der Alltagssprache vermischen wir häufig eine Beobachtung mit einem moralischen Urteil / Verurteilung, einer Diagnose oder einer Interpretation. Das bewirkt, dass mein Gegenüber hört, dass es etwas richtig / falsch gemacht hat, gut oder böse ist. Dann ist es schwierig, mir weiter zuzuhören, weil das zum Beispiel eine Verteidigungshaltung hervorruft (*„Du bist auch nicht besser"*) oder zu Selbstvorwürfen führt (*„Ich kann es nie jemandem recht machen"*). Die Kommunikation bricht ab. Das ist so, als wäre ich mit meinem Handy in einem Funkloch und erhielte keine Antwort. In einer solchen Situation bewege ich mich an einen anderen Platz, an dem es eine Netzverbindung gibt, um weiter in Kontakt zu sein.

Wende ich die Prinzipien der Gewaltfreien Kommunikation an, gibt es kein Richtig oder Falsch im Sinne einer moralischen Verurteilung, es gibt Aussagen und Handlungen, die mein Leben und das von anderen bereichern, es erfreulicher und leichter oder schwieriger machen. Das ist das Kriterium für eine wertfreie Beobachtung.

Eine moralisch wertfreie Beobachtung kann folgende sein:
„Heute Morgen hast Du mir keinen Kaffee eingeschenkt."

Die moralische Bewertung dagegen kann sein:
„Nie schenkst Du mir Kaffee ein."

Der Unterschied zwischen beiden Aussagen ist, dass ich mich bei der ersten auf eine konkrete Situation beziehe. In der zweiten Aussage verallgemeinere ich die Handlung

der Person durch das Wort „nie". Ich kann nicht mit Sicherheit sagen, ob es tatsächlich „nie" ist. Mit Sicherheit kann ich jedoch sagen, dass es heute der Fall gewesen ist.

Verallgemeinerungen werden oft als Vorwurf gehört und rufen Widerspruch, Diskussionen und Auseinandersetzungen hervor. Dadurch beginnt eine längere Diskussion – gegebenenfalls mit Gegenvorwürfen –, die nicht Ziel führend ist. Es ist wichtig, sich bei der wertfreien Beobachtung auf **eine konkrete** Situation zu beziehen.

„Die höchste Form menschlicher Intelligenz ist die Fähigkeit, zu beobachten ohne zu bewerten." Jiddu Krishnamurti

2. Gefühl erspüren

Im **zweiten** Schritt spüren Sie in sich hinein. Was genau fühlen Sie, wenn Sie bemerken, dass Ihr Partner Ihnen heute Morgen keinen Kaffee eingeschenkt hat? Wo in Ihrem Körper ist dieses Gefühl präsent? Möglicherweise sind Sie verwirrt? Oder sogar wütend? Vielleicht aber auch traurig, weil Sie gerne mit Ihrem Partner eine Tasse Kaffee genossen hätten? Viele von uns haben gelernt, dass wir mit unseren Handlungen für die Gefühle anderer Menschen verantwortlich sind. Dies spiegelt sich in Aussagen wie diesen wider:

„(Ich hasse kochen) Ich koche, weil ich dich glücklich machen will."
„Du machst mich glücklich / unglücklich!"
„Ich werde wütend, weil du den Tisch nicht abräumst."

Mit solchen Aussagen geben wir die Verantwortung für unsere Gefühle ab bzw. übernehmen die Verantwortung für die Gefühle anderer.

31

Grundprinzip der GFK:

Meine Gefühle werden von Handlungen anderer **ausgelöst**, aber **nicht verursacht**. Die Ursache meiner Gefühle sind meine unerfüllten oder erfüllten Bedürfnisse. Ich bin nicht die Verursacherin der Gefühle anderer Menschen.

3. Bedürfnis erspüren

Durch den **dritten** Schritt kommen Sie mit Ihren erfüllten / unerfüllten Bedürfnissen in Kontakt. Die Gefühle sind ein Hinweis, dass Bedürfnisse gerade erfüllt oder unerfüllt sind. Bleiben wir bei dem Beispiel mit dem Kaffee. Was genau brauchen Sie in dieser Situation? Was hätten Sie sich gewünscht, als Ihr Partner Ihnen heute Morgen keinen Kaffee eingeschenkt hat?

Möglicherweise war Ihr Bedürfnis nach Verbindung und Wahrgenommen werden nicht erfüllt. Dass Ihr Partner es nicht durch das Kaffee einschenken erfüllt, braucht Sie nicht daran zu hindern, es sich auf anderen Wegen zu erfüllen. Andere Wege kann heißen, dass Ihr Partner etwas anderes getan hat, um Ihnen diese Bedürfnisse zu erfüllen, zum Beispiel: Er könnte den Tisch gedeckt oder Ihnen beim Verlassen des Hauses in den Mantel geholfen haben. Andere Wege könnte auch heißen, dass jemand anderes diese Bedürfnisse erfüllt, zum Beispiel: Eine Kollegin könnte Sie grüßen und ein Gespräch mit Ihnen führen.

32

Grundprinzip der GFK:

Die Erfüllung der Bedürfnisse ist nicht an eine bestimmte Person, einen bestimmten Ort, eine bestimmte Zeit, ein bestimmtes Objekt und eine bestimmte Handlung geknüpft.

Warum unterscheiden wir zwischen Bedürfnissen und Werten?

Bedürfnisse sind universell, alle Menschen haben dieselben Bedürfnisse. Bedürfnisse vereinen alle Menschen. Wenn die Bedürfnisse aller berücksichtigt werden, findet sich eine Lösung, die für alle passt. Auf der Ebene der Bedürfnisse gibt es keine (oder höchst selten) Konflikte.

Werte sind abhängig von Kulturen und Epochen, deswegen nicht universell. Es erscheint uns daher sinnvoll, Werte von Bedürfnissen abzugrenzen, auch wenn das nicht durchgängig in der GFK-Literatur geschieht.

Da Werte nicht universell sind, kann es darüber zu Konflikten kommen. Gleichzeitig konstituieren sich Gemeinschaften um Werte, z.B. Solidarität = Gewerkschaften, Demokratie = Parteien.

4. Bitte

Durch die Bitte als den **vierten** Schritt der GFK kommen Sie in Verbindung oder ins Handeln. Sie können eine Bitte an sich selbst richten oder an einen anderen Menschen. In der GFK werden dabei zwei unterschiedliche Formen von Bitten unterschieden:

Die Verbindungsbitte

Sie unterstützt Sie dabei, mit sich und anderen in Verbindung zu kommen. Mit der ersten Art der Verbindungsbitte vergewissern Sie sich, was der andere Mensch von Ihnen gehört hat. Häufig hört er etwas anderes als Sie gehört haben wollten. Diese Rückversicherung gibt Ihnen die Möglichkeit, sich noch einmal anders auszudrücken, um so verstanden zu werden, wie es Ihnen wichtig ist:

„Wenn ich mich daran erinnere, dass Du mir heute Morgen keinen Kaffee eingeschenkt hast (Beobachtung), war ich verwirrt (Gefühl), weil mir Gesehen-Werden (Bedürfnis) wichtig ist. Bist Du bereit mir zu sagen, was Du von mir gehört hast?" („Was ist bei dir angekommen?")

„Der Empfänger bestimmt, was er hört und wie er es hört."

Mit der zweiten Art der Verbindungsbitte finden Sie heraus, wie es dem anderen geht, wie er sich fühlt, wenn er Sie gehört hat. Sie kann entweder der ersten Verbindungsbitte folgen oder für sich alleine stehen:

„Wie geht es Dir jetzt mit dem, was Du von mir gehört hast?"

33

Die Handlungsbitte

Das ist die Form der Bitte, mit der Sie den anderen bitten, etwas zu tun. Das ist die im Alltag übliche Bitte. Die Bitte in der Gewaltfreien Kommunikation ist:

positiv – konkret – jetzt machbar

„Jetzt machbar" ist besonders wichtig, weil niemand ein Versprechen für die Zukunft geben und zusichern kann, dass er es einhalten wird. Wenn Sie sich etwas für die Zukunft wünschen, können Sie den anderen bitten, Ihnen jetzt zu sagen, wie es ihm geht, wenn er sich die Situation vorstellt.

„Wenn ich mich daran erinnere, dass Du mir gestern Morgen keinen Kaffee eingeschenkt hast (Beobachtung), *war ich verwirrt* (Gefühl), *weil mir Gesehen-Werden* (Bedürfnis) *wichtig ist. Bist Du bereit, mir heute Morgen Kaffee einzuschenken?"*

Wenn Sie Vereinbarungen für die Zukunft treffen wollen (die keine Bitten sind), kann es hilfreich sein, diese SMART zu formulieren. (Doran, G. T. (1981). There's a S.M.A.R.T. way to write management's goals and objectives.)

S = spezifisch

M = messbar

A = attraktiv, anwendbar

R = realistisch

T = terminiert

4. Die drei Wege der Gewaltfreien Kommunikation

Die vier Schritte können auf drei verschiedenen Wegen angewendet werden:

1. Selbsteinfühlung – Gefühle und (un)erfüllte Bedürfnisse erkennen, moralische Urteile über sich selbst und andere überwinden und damit die Basis zur Kommunikation mit anderen legen.

2. Einfühlung (in andere) – sich mit Beobachtungen, Gefühlen, Bedürfnissen und Bitten anderer verbinden (ohne sie billigen zu müssen) und mit ihnen nach Wegen suchen, wie sie ihre Bedürfnisse erfüllen können.

3. Selbstausdruck – Mitteilung der Beobachtungen, Gefühle, Bedürfnisse und Bitten und Aushandeln von Lösungen.

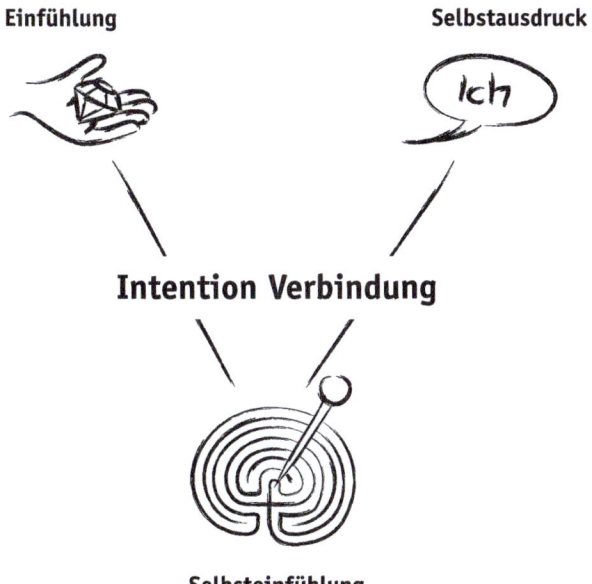

4.1 Die Selbsteinfühlung *

Bei der Selbsteinfühlung bin ich als Übende ganz bei mir selbst. Oft gehe ich von meinen Gedanken, moralischen Bewertungen, Verurteilungen, Diagnosen, Interpretationen aus, die ich über mich selbst oder andere habe. Sie können mir Hinweise auf unerfüllte Bedürfnisse geben.

Wenn ich z. B. denke: *„Der hätte mir wirklich auch mal die Tasche tragen können, sieht der denn nicht, wie schwer die ist"*, könnte ich ziemlich schnell zu dem Bedürfnis nach Unterstützung kommen, das nicht erfüllt ist.

Zur Selbsteinfühlung orientiere ich mich an den 4 Schritten. Das heißt nicht, dass ich sie einmal in der Reihenfolge Beobachtung, Gefühl, Bedürfnis, Bitte abgehe. Ich kann durchaus vom Gefühl oder dem Bedürfnis noch mal zu meinen Gedanken, Bewertungen etc. zurückkehren, wenn noch nicht alles geklärt ist. Das Abgehen kann im wörtlichen Sinne gemeint sein mit der Methode der Tanzparkette nach Gina Lawrie und Bridget Belgrave, (vgl. Ü 036 „Selbsteinfühlungstanz" und Ü 052 „13-Schritte-Tanz"), es kann im übertragenen Sinne stattfinden, indem ich sie aufschreibe oder in meinen Gedanken durchgehe. Für Anfängerinnen ist es empfehlenswert, das Tanzparkett oder das Aufschreiben als Methode zu benutzen.

Es ist sehr hilfreich, länger bei den Gefühlen und Bedürfnissen zu verweilen, nachzuspüren, wo im Körper sie zu fühlen sind, welche Körpersensation sie verursachen, zum Beispiel ein Kloßgefühl im Hals, einen „Knoten" im Bauch, weiche Knie, angespannte Schultern etc. Diese Körpersensationen verschwinden, wenn ich bei den Bedürfnissen angekommen bin, um die es wirklich geht. Bleibe ich länger bei den Gefühlen und Bedürfnissen, hilft es mir aus dem „Kopf", aus dem mechanisch Gefühle und Bedürfnisse „Abhaken", auf eine tiefere Ebene zu kommen. Für manche Menschen kann es zu Beginn eine Herausforderung sein, weil es aufgrund ihrer Erfahrungen so schmerzlich ist und sie Schutz benötigen. Dann ist es wichtig, das auch zu respektieren.

* Zur besseren Lesbarkeit schreiben wir im folgenden Abschnitt in der Ich-Form.

36

4.2 Die Einfühlung

Wenn ich Einfühlung schenke, bin ich mit meiner Aufmerksamkeit voll und ganz bei meinem Gegenüber, bei dessen Beobachtungen, Gefühlen, Bedürfnissen und Bitten. Ich höre ihm zu, gebe in Frageform wieder, was ich gehört habe oder teile meine Vermutungen mit, die ich über die Gefühle, Bedürfnisse und Bitten habe.

„Ich habe von Dir gehört, dass der Mensch Dir nicht die Tasche getragen hat, obwohl er hätte sehen können, dass sie schwer war. Warst Du frustriert (ärgerlich, enttäuscht), weil Du Unterstützung gebraucht hättest?" (Gefühl und Bedürfnis.) Dann warte ich die Antwort ab, um mit dieser weiter dranzubleiben.
Ich könnte auch fragen: *„Hättest Du gerne gehabt, dass er Dich gefragt hätte?"*, damit vermute ich die unausgesprochene Bitte.

Die Einfühlung kann nur gelingen, wenn ich frei bin von Urteilen und moralischen Bewertungen über die Person. Gleichzeitig ist wichtig mir zuzugestehen, dass ich ein Mensch bin mit eigenen Gefühlen und Bedürfnissen. Das heißt, dass manche Aussagen bei mir ein Gefühl auslösen können, das auf unerfüllte Bedürfnisse hinweist. Dann ist es wichtig für mich zu klären, ob ich es als ein Päckchen „schön verpackt" nebenhin stellen kann, um es mir später nochmals mit Selbsteinfühlung anzusehen.

Es kann auch sein, dass meine Reaktion so heftig ist, dass mir das nicht möglich ist. Dann ist es wichtig dem Gegenüber mitzuteilen, dass ich im Moment nicht weiter zuhören kann, eine Auszeit für Selbsteinfühlung brauche und später noch einmal darauf zurückkommen will. Für mein Gegenüber besteht dann die Möglichkeit sich jemand anderen zu suchen, um Einfühlung zu bekommen.

4.3 Selbstausdruck

Beim Selbstausdruck geht es darum, die Beobachtungen, Gefühle, Bedürfnisse und Bitten, die ich für mich in der Selbsteinfühlungsphase erarbeitet habe, der anderen Person gegenüber auszudrücken.

37

Die Bitte wird häufig eine Verbindungsbitte sein, um zu hören, was beim anderen angekommen ist und wie er sich fühlt. Manchmal kann es auch sein, dass mir der Selbstausdruck und das Gehört-Werden wichtiger sind als dem Gegenüber Einfühlung zu geben. Gleichzeitig kann das eher dazu führen, dass das Gegenüber mich nicht hören kann.

Hinweise auf weiterführende Literatur finden Sie im Anhang, dabei sei insbesondere auf das Grundlagenbuch „Gewaltfreie Kommunikation" von Marshall Rosenberg verwiesen.

5. Zur Geschichte von Wolf und Giraffe

In Filmaufnahmen mit Marshall Rosenberg sehen Sie, dass er häufig Handpuppen als Symbole benutzt, um ein spielerisches Element einzuführen. Mit ihnen wollte er deutlich machen, aus welchem Bewusstsein heraus die Konfliktpartner handeln. Das erste Symbol, das Marshall Rosenberg benutzte, waren Enten. Er sah Kinder Enten füttern und fragte sich, wer mehr Freude dabei hatte: Die Kinder oder die Enten? Genau diese Frage entsteht, wenn eine tiefe Verbindung hergestellt ist: Wer hat mehr Freude, der Gebende oder Empfangende? Gleichzeitig brauchen wir keine Antwort auf diese Frage.

5.1 Woher der Wolf kommt

In einem von Rosenbergs Seminaren bearbeitete eine Frau einen Konflikt, den sie mit ihrem Mann hatte. Rosenberg fragte sie nach einem Bild, das ihr zu ihm einfalle. Sie antwortete spontan: *„He is like a jackal"*. Da es in Deutschland keinen Schakal gibt, wurde dieses Symbol mit „Wolf" übersetzt. In anderen Ländern wurden andere Tiere gewählt, wie z. B. in Serbien eine Schlange. Die Idee dabei ist, dass es sich um Tiere handelt, die nahe am Boden leben und in unserer Interpretation nur einen kleinen Ausschnitt aus der Welt wahrnehmen.

5.2 Woher die Giraffe kommt

Während der Vorbereitung zu einer Fernsehsendung nutzte Rosenberg Enten und Wolf, um die Arten der Kommunikation zu beschreiben. Da kam die Frage auf: Wölfe können Enten fressen, ist das wirklich ein hilfreiches Symbol? Daraus entstand die Idee, eine Giraffe als Symbol für die Haltung der Gewaltfreien Kommunikation zu benutzen. Sie ist das auf dem Land lebende Tier mit dem größten Herz. Außerdem verfügt sie über einen langen Hals, der ihr einen guten Überblick verschafft.

5.3 Warum wir in diesem Buch diese Symbole nicht nutzen

Marshall Rosenberg führte das Symbol von Wolf und Giraffe ein und viele andere Kolleginnen arbeiten damit. Wir Autorinnen haben uns entschieden, sie nicht zu benutzen. Wir haben die Erfahrung gemacht, dass sie häufig auch als „Schubladen" eingesetzt werden, um Menschen mit GFK-Labeln zu be- oder verurteilen: *„Du bist ein Wolf"*. Das ist genau das Gegenteil von dem, um was es uns als Trainerinnen wirklich geht. Stattdessen kann ich sagen: „Ich fühle mich... verwirrt, traurig... , weil Verbindung nicht erfüllt ist."

Wir ziehen es vor, in unseren Kursen als grafisches Symbol eine offene Tür und eine Mauer zu verwenden. Das macht es für uns deutlicher, um was es wirklich geht, ob Verbindung und Offenheit für mich selbst und den anderen Menschen da ist oder nicht. Wenn sie nicht da ist, geht es oft um Schutz, und da ist die Mauer ein hilfreiches Symbol.

Neuerdings verwende ich (Irmtraud) Igel-Handpuppen (auf Anregung von Louise Romain). An ihnen kann deutlich werden, dass Menschen ihre „Stacheln ausfahren", wenn sie sich verletzlich machen und Schutz benötigen. Gleichzeitig ist es möglich für Konfliktsituationen zwei Igel zu benutzen, so dass es dieselben Symbole sind.

Übungen

1

Übungen zum Kennenlernen

1 Gefühle und / oder Bedürfnisse alphabetisch

Wachstumsmöglichkeit:

· Kennenlernen
· erste Berührung mit Bedürfnissen, Gefühlen und Strategien

Anzahl der Übenden: Plenum

Dauer: ca. 30 Minuten

Material: Kopiervorlage „Bedürfnis- und / oder Gefühlskarten". Diese Kopiervorlage finden Sie im kostenlosen Downloadbereich unter: **www.gewaltfrei-uebungen.de**.

Beschreibung der Übung:

Halten Sie die vorbereiteten Gefühls- und Bedürfniskarten bereit und bitten Sie die Teilnehmer, eine Karte zu ziehen. Laden Sie die Teilnehmer ein, sich entsprechend der Begriffe auf der Karte in alphabetischer Reihenfolge aufzustellen, entweder in einen Kreis oder in eine Reihe. Die Teilnehmer nennen der Reihe nach ihren Namen und den Begriff, der auf der Karte steht. Handelt es sich um ein Gefühl, nennt der Teilnehmer ein für ihn passendes erfülltes oder unerfülltes Bedürfnis. Handelt es sich um ein Bedürfnis, nennt er ein für ihn jetzt passendes Gefühl.

43

Variation:

Bereiten Sie eine Auswahl von Gefühls- und / oder Bedürfniskarten vor. Jeder Begriff kommt in dieser Sammlung drei- bis viermal vor. Die Gesamtanzahl der Karten entspricht dabei der Gesamtanzahl der Teilnehmer. Lassen Sie jeden Teilnehmer eine Karte ziehen. Bitten Sie die Teilnehmer, sich selbständig in Gruppen zu ihrem Begriff zusammenzufinden. Laden Sie die Teilnehmer ein, sich gegenseitig mit Namen vorzustellen und dann entweder zum Gefühl ein erfülltes / unerfülltes Bedürfnis oder zum Bedürfnis eine entsprechendes Gefühl zu benennen.

2 Vier Fragen

Wachstumsmöglichkeit:

· Kennenlernen
· Erkennen von Vorurteilen

Methode: Sitzkreis

Anzahl der Übenden: Paar und Plenum

Dauer: ca. 20 Minuten für die Partnerübung, nochmals ca. 15 Minuten für das Plenum

Beschreibung der Übung:

Bitten Sie die Teilnehmer, sich in Paaren zusammenzufinden. Laden Sie Hans ein, zu vermuten, was Kemal auf die folgenden Fragen antworten würde:

· Welchen Beruf üben Sie aus?
· Welches Auto fahren Sie?
· Welches sind Ihre Essensvorlieben?
· Warum besuchen Sie dieses Seminar?

44

Nachdem Hans seine Vermutungen geäußert hat, beantwortet Kemal die Fragen. Danach wechseln die Partner die Rollen. Anschließend stellen sich die Paare gegenseitig im Plenum vor.

Laden Sie die Teilnehmer zu einem Feedback darüber ein, was sie daraus gelernt haben.

3 Mein rechter Platz ist frei

Wachstumsmöglichkeit:

· Kennenlernen
· Erweiterung des Bedürfniswortschatzes
· Erweiterung des Handlungsspielraums
· Selbsteinfühlung

Methode: Sitzkreis
Anzahl der Übenden: Plenum
Dauer: ca. 20 Minuten
Material: Kopiervorlage „Bedürfniskarten". Diese Kopiervorlage finden Sie im kostenlosen Downloadbereich unter: **www.gewaltfrei-uebungen.de**.

Beschreibung der Übung:

Die Teilnehmerinnen bilden einen Sitzkreis. Neben einer der Teilnehmerinnen ist der rechte Sitzplatz frei. Halten Sie die vorbereiteten Bedürfniskarten bereit und bitten Sie die Teilnehmerinnen, je eine Karte zu ziehen. Die Teilnehmerinnen halten die Bedürfniskarten lesbar für die anderen, damit alle wissen, welche Bedürfnisse „im Spiel" sind.

Die Teilnehmerin, deren rechter Platz frei ist, beginnt die Übung mit dem Satz: *„Mein rechter rechter Platz ist frei, ich wünsche mir das Bedürfnis „Autonomie" herbei."* (Wie im bekannten Kinderspiel.) Die Person, auf deren Karte dieses Bedürfnis steht, setzt sich auf den freien Platz. Sie nennt ihren Namen und eine Strategie, mit der sie sich das Bedürfnis erfüllt. Jetzt wünscht sich die Person, deren rechter Platz frei geworden ist, ein Bedürfnis herbei und so fort. Die Übung endet nach einer abgesprochenen Zeitspanne.

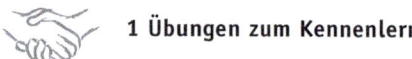

Ü 004
KG+PL

4 Was verbindet uns?

Wachstumsmöglichkeit:

· Kennenlernen
· Selbsteinfühlung

Anzahl der Übenden: Kleingruppe und Plenum
Dauer: ca. 20 Minuten
Material: Flipchart, Flipchartstifte

Beschreibung der Übung:

Teilen Sie das Plenum in Kleingruppen à 4-6 Personen auf. Geben Sie jeder Gruppe
einen Flipchartbogen mit der Überschrift: „Was uns verbindet". Die Teilnehmerinnen
einer Gruppe schreiben jeweils ihre Gemeinsamkeiten auf, z. B. Sport, Musik, Schul-
abschluss, Haarfarbe... Die Teilnehmerinnen benennen Bedürfnisse, die sie sich durch
die Gemeinsamkeiten erfüllen: z. B. Sport = Bewegung, Musik = Kreativität, Freude...
Die Übung endet nach einer abgesprochenen Zeitspanne.

46

Zusätzliche Option:

Laden Sie die Teilnehmerinnen ein, sich über die Gemeinsamkeiten und die darüber
erfüllten Bedürfnisse im Plenum auszutauschen.

5 Wer bin ich?

Wachstumsmöglichkeit:

· Kennenlernen
· Selbsteinfühlung

Anzahl der Übenden: Kleingruppe und Plenum
Dauer: ca. 20 Minuten
Material: Flipchart, Flipchartstifte

Beschreibung der Übung:

Teilen Sie das Plenum in Kleingruppen à 4-6 Personen auf. Geben Sie jeder Gruppe einen Flipchartbogen. Bitten Sie die Teilnehmer der einzelnen Kleingruppen, ein sie verbindendes Thema zu finden und auf den Flipchartbogen zu schreiben.

Jeder Teilnehmer sucht sich einen Begriff = Deckname, der seine Verbindung zu diesem Thema (z. B. Musik – John Lennon oder Cello oder Oper) beschreibt. Diesen Decknamen schreibt er auf den Flipchartbogen. Danach bitten Sie die Teilnehmer in das Plenum zurück.

Im Plenum werden die Flipchartbögen ausgelegt und die Teilnehmer raten, wer sich z. B. hinter John Lennon oder Cello oder Oper verbirgt. Alle teilen ihre Bedürfnisse mit, die sie sich mit der Identifikation erfüllen. Wenn eine Person nicht erraten wurde, offenbart sie sich.

Laden Sie die Teilnehmer zu einem Feedback darüber ein, was sie daraus gelernt haben.

Ü 006
PL

6 Wollknäuel

Wachstumsmöglichkeit:

· Interdependenz (gegenseitige Verbundenheit) spüren: Alle sind miteinander verbunden und beeinflussen sich gegenseitig

Methode: Sitzkreis
Anzahl der Übenden: Plenum
Dauer: ca. 10 Minuten
Material: Wollknäuel oder Kordel (Wolle hat den Vorteil, dass sie auch reißen kann, wenn einer der Teilnehmer zu fest zieht)

Beschreibung der Übung:

Die Teilnehmer sitzen im Kreis. Geben Sie einem Teilnehmer das Wollknäuel in die Hand. Bitten Sie ihn, das Ende des Fadens festzuhalten und das Knäuel einem anderen Teilnehmer im Raum zuzuwerfen. Dieser hält den Faden fest und wirft das Knäuel einem weiteren Teilnehmer zu und so weiter, bis alle Teilnehmer miteinander über den Wollfaden verbunden sind. Wenn alle miteinander verbunden sind, bitten Sie einen Teilnehmer, an seinem Fadenteil zu ziehen.

48

· Was passiert? Wie wird dieser Zug gespürt? Von wem?
· Was passiert, wenn mehrere Teilnehmer gleichzeitig ziehen?
· Was passiert, wenn einer der Teilnehmer locker lässt?

Laden Sie die Teilnehmer zu einem Feedback darüber ein, was sie daraus gelernt haben.

Variation:

Laden Sie die Teilnehmer ein, beim Fangen des Knäuels ihren Namen zu nennen, zu sagen wie es ihnen geht (Gefühl), mitzuteilen, wofür sie dankbar sind oder ein Bedürfnis zu nennen.

7 Was hat das mit mir zu tun?

Wachstumsmöglichkeit:

· Kennenlernen
· Selbsteinfühlung

Methode: Sitzkreis
Anzahl der Übenden: Einzeln oder Paar oder Plenum
Dauer: ca. 20 Minuten

Beschreibung der Übung:

Die Teilnehmerinnen bilden einen Sitzkreis. Bitten Sie eine der Teilnehmerinnen, sich mit Namen vorzustellen und einen persönlichen Gegenstand in die Mitte zu legen und dabei mitzuteilen, welches Bedürfnis sie sich mit diesem Gegenstand erfüllt.

Die Übung endet, wenn sich alle Teilnehmerinnen vorgestellt und ihr Bedürfnis zu einem Gegenstand benannt haben.

Variation:

Schicken Sie die Teilnehmerinnen auf einen Spaziergang in die nähere Umgebung. Bitten Sie sie, einen Gegenstand mitzubringen, der ihnen etwas bedeutet, z. B. einen Stein oder einen Tannenzapfen. Nach der Rückkehr laden Sie die Teilnehmerinnen ein, sich mit Namen vorzustellen und im Plenum mitzuteilen, was dieser Gegenstand mit ihnen zu tun hat.

Variation:

Bitten Sie eine der Teilnehmerinnen, sich mit Namen vorzustellen und einen persönlichen Gegenstand in die Mitte zu legen. Eine andere Teilnehmerin / die Gruppe fühlt sich in sie ein und errät das Bedürfnis, welches sie sich mit diesem Gegenstand erfüllt.

Die Übung endet, wenn sich alle Teilnehmerinnen vorgestellt haben und ihre Bedürfnisse zu dem jeweiligen Gegenstand erraten sind.

49

EÜ

EÜ Meine eigene Übung

Wachstumsmöglichkeit:

Methode:

Anzahl der Übenden:

Dauer:

Material:

50

Beschreibung der Übung:

2

Übungen zur Beobachtung

8 Ich habe es ganz genau gesehen!

Wachstumsmöglichkeit:

· Abgrenzung moralische Bewertung von wertfreier Beobachtung

Methode: Sitzkreis
Anzahl der Übenden: Plenum
Dauer: ca. 20 Minuten

Beschreibung der Übung:

Bitten Sie die Teilnehmerinnen, sich in einen Kreis zu stellen. Laden Sie sie ein, ihre Augen zu schließen, mit Ausnahme von zweien, Maria und Petra. Bitten Sie Maria eine bestimmte Bewegung zu machen. Petra beobachtet sie. Petra tippt Ayse an, die ihre Augen öffnet. Ayse beobachtet jetzt Petra, die die Bewegung von Maria imitiert. Im weiteren Verlauf öffnen alle Teilnehmerinnen der Reihe nach ihre Augen und imitieren die gesehene Bewegung. Dabei können sie beobachten, wie sich nach dem „Stille-Post-Prinzip" die Bewegung verändert. Zum Schluss macht Maria nochmals die Bewegung vor, damit für alle die Veränderung sichtbar ist.

Laden Sie die Teilnehmerinnen zu einem Feedback darüber ein, was sie daraus gelernt haben.

9 Wertfreie Beschreibung

Wachstumsmöglichkeit:
· Abgrenzung moralische Bewertung von wertfreier Beobachtung

Anzahl der Übenden: Plenum
Dauer: ca. 10 Minuten plus ca. 5 Minuten Feedback in der Kleingruppe sowie nochmals 15 Minuten Feedback im Plenum
Material: Urlaubspostkarten, Landschaftsfotos oder Bilder, die zum Bewerten einladen, Gegenstände im Raum oder solche, die durch das Fenster sichtbar sind

Beschreibung der Übung:
Bitten Sie eine Teilnehmerin, sich eine Postkarte / Bild / Foto zu nehmen. Die anderen Teilnehmerinnen sehen dieses Bild nicht oder halten sich die Augen zu. Bitten Sie diejenige, die das Bild hat, zu beschreiben, was sie auf dem Bild sieht. Die anderen Teilnehmerinnen stellen sich vor, wie das Bild aussehen könnte. Im Anschluss an die Beschreibung zeigt sie das Bild den anderen Teilnehmerinnen.

Es folgt ein Feedback durch die Teilnehmerinnen: Wie gut stimmte das Bild, das sie sich auf Grund der Beschreibung gemacht haben, mit dem Bild überein? Wie hätte die Beschreibung konkreter sein können?

53

10 Bilddiktat

Wachstumsmöglichkeit:

· Abgrenzung moralische Bewertung von wertfreier Beobachtung
· Die Verantwortung für das Gehörte liegt beim Empfänger der Nachricht

Methode: Sitzkreis
Anzahl der Übenden: Kleingruppe oder Plenum
Dauer: ca. 10 bis 20 Minuten
Material: Papier, Buntstifte, Wachsmalkreiden, Filzstifte, Fotos, Bilder oder Postkarten, Moderationskarten in allen möglichen Farben, Formen und Größen, Pinnwand, -nadeln

Beschreibung der Übung:

Lassen Sie einen Teilnehmer ein Bild wählen, ohne dass die anderen Teilnehmer dieses sehen. Er diktiert den Teilnehmern wertfrei, was er auf dem Bild sieht. Die Teilnehmer malen das, was sie sich nach der Beschreibung vorstellen. Je detaillierter die Beschreibung ist, desto mehr Übereinstimmung wird zwischen dem gemalten Bild und der Vorlage sein. Im Anschluss an das Bilddiktat vergleichen die Teilnehmer ihre Bilder mit dem Original – nicht bewertend.

Laden Sie die Teilnehmer zu einem Feedback darüber ein, was sie daraus gelernt haben.

Variation:

Alternativ bringen Sie Moderationskarten in verschiedenen Farben, Formen und Größen verdeckt an einer Pinnwand an. Bitten Sie einen Teilnehmer, den Gruppenmitgliedern dieses sich daraus ergebende Bild zu diktieren. Die Teilnehmer malen das, was sie sich nach der Beschreibung vorstellen. Die Beschreibung von geometrischen Figuren macht den Teilnehmern möglicherweise das Malen leichter und nimmt ihnen die Scheu davor. Im Anschluss an das Bilddiktat vergleichen die Teilnehmer ihre Bilder mit dem Original – nicht bewertend.

Laden Sie die Teilnehmer zu einem Feedback darüber ein, was sie daraus gelernt haben.

>>

54

Variation:

Fotografieren Sie eine solche Zusammenstellung von Moderationskarten. Teilen Sie das Plenum in Kleingruppen à 4-6 Personen auf. Geben Sie einem Teilnehmer jeder Kleingruppe eine Fotografie der Zusammenstellung der Moderationskarten mit. Bitten Sie diesen Teilnehmer, den Gruppenmitgliedern dieses Bild zu diktieren. So beschreiben unterschiedliche Personen dasselbe Bild. Die Teilnehmer malen das, was sie sich nach der Beschreibung vorstellen. Danach bitten Sie die Teilnehmer in das Plenum zurück.

Laden Sie die Teilnehmer zu einem Feedback darüber ein, was sie daraus gelernt haben.

55

11 Beobachtung und Interpretation

Wachstumsmöglichkeit:

· Abgrenzung moralische Bewertung von wertfreier Beobachtung

Methode: Sitzkreis
Anzahl der Übenden: Plenum
Dauer: ca. 15 Minuten
Material: Kopiervorlage „Fragebogen". Diese Kopiervorlage mit der Auflösung finden Sie im kostenlosen Downloadbereich unter: **www.gewaltfrei-uebungen.de**.

Beschreibung der Übung:

Lesen Sie die folgende Beispielgeschichte vor. Bitten Sie die Teilnehmerinnen anschließend, die unten stehenden Aussagen zum Text als Beobachtung oder Interpretation zu bewerten. Die Aussagen sind mit „stimmt überein", „stimmt nicht überein" oder „nicht sicher zu beantworten" zu bewerten.

Laden Sie die Teilnehmer zu einem Feedback darüber ein, was sie daraus gelernt haben.

Beispielgeschichte:

Zwei Kinder sitzen im Sandkasten. Das eine Kind nimmt ein Förmchen in die Hand. Das andere Kind beginnt zu weinen. Eine Frau eilt herbei und nimmt das weinende Kind auf den Arm. Eine weitere Frau läuft herbei und gibt dem ersten Kind einen Eimer. Das weinende Kind hat aufgehört zu weinen. Die Frau setzt es wieder in den Sandkasten. Das Kind nimmt sich auch ein Förmchen und spielt im Sandkasten.

>>

Aussagen zum Text	stimmt überein	stimmt nicht überein	nicht sicher zu beantworten
Das eine Kind hat dem anderen Kind das Förmchen weggenommen.			
Es war das Förmchen des weinenden Kindes.			
Das weinende Kind hat sich weh getan.			
Eine Frau nimmt das weinende Kind auf den Arm.			
Seine Mutter tröstet es.			
Die andere Mutter schimpft mit dem ersten Jungen.			
Die Frau setzt das weinende Kind wieder in den Sandkasten.			
Jetzt backt das Kind Sandkuchen.			
Die Mütter sind befreundet.			
Das eine Kind spielt mit dem Eimer.			

57

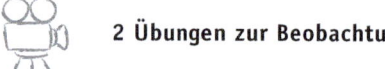
Ü 012
PL

12 Elefantenübung

Wachstumsmöglichkeit:

· Abgrenzung moralische Bewertung von wertfreier Beobachtung

Methode: Sitzkreis

Anzahl der Übenden: Plenum

Dauer: ca. 10 bis 20 Minuten

Material: Gegenstände aus dem Übungsraum: Tisch, Stuhl, Tafel, Handtaschen der Teilnehmer oder ähnliches.

Beschreibung der Übung:

Bitten Sie die Gruppe, so zu tun, als sei sie blind bzw. sich mit dem Gesicht zur Wand zu drehen. Bitten Sie eine Teilnehmerin, die nicht „blind" ist, einen Gegenstand aus dem Raum zu beschreiben, wie in der folgenden Elefantengeschichte. Im Anschluss daran erfolgt ein Austausch darüber.

Die Blinden und der Elefant

58

Es waren einmal fünf weise Gelehrte. Sie alle waren blind. Diese Gelehrten wurden von ihrem König auf eine Reise geschickt und sollten herausfinden, was ein Elefant ist. Und so machten sich die Blinden auf die Reise nach Indien. Dort wurden sie von Helfern zu einem Elefanten geführt. Die fünf Gelehrten standen um das Tier herum und versuchten, sich durch Ertasten ein Bild von dem Elefanten zu machen. Als sie zurück zu ihrem König kamen, sollten sie ihm über den Elefanten berichten. Der erste Weise hatte am Kopf des Tieres gestanden und den Rüssel des Elefanten betastet. Er sprach: „Ein Elefant ist wie ein langer Arm." Der zweite Gelehrte hatte das Ohr des Elefanten ertastet und sprach: „Nein, ein Elefant ist vielmehr wie ein großer Fächer."

>>

Der dritte Gelehrte sprach: „Aber nein, ein Elefant ist wie eine dicke Säule." Er hatte ein Bein des Elefanten berührt. Der vierte Weise sagte: „Also ich finde, ein Elefant ist wie eine kleine Strippe mit ein paar Haaren am Ende", denn er hatte nur den Schwanz des Elefanten ertastet. Und der fünfte Weise berichtete seinem König: „Also ich sage, ein Elefant ist wie eine riesige Masse, mit Rundungen und ein paar Borsten darauf." Dieser Gelehrte hatte den Rumpf des Tieres berührt. Nach diesen widersprüchlichen Äußerungen fürchteten die Gelehrten den Zorn des Königs, konnten sie sich doch nicht darauf einigen, was ein Elefant wirklich ist. Doch der König lächelte weise: „Ich danke Euch, denn ich weiß, was ein Elefant ist: Ein Elefant ist ein Tier mit einem Rüssel, der wie ein langer Arm ist, mit Ohren, die wie Fächer sind, mit Beinen, die wie starke Säulen sind, mit einem Schwanz, der einer kleinen Strippe mit ein paar Haaren daran gleicht und mit einem Rumpf, der wie eine große Masse mit Rundungen und ein paar Borsten ist." Die Gelehrten senkten beschämt ihren Kopf, nachdem sie erkannten, dass jeder von ihnen nur einen Teil des Elefanten ertastet hatte und sie sich zu schnell damit zufriedengegeben hatten.

(nach Mowlana aus: http://muster.daszitat.de/kurzgeschichten/.)

Ü 012
PL

Laden Sie die Teilnehmerinnen zu einem Feedback darüber ein, was sie daraus gelernt haben.

Variation:

Alle bekommen die Augen verbunden und Sie führen einige Teilnehmerinnen an einen Gegenstand. Dies kann z. B. ein Tisch sein. Legen Sie eine Hand einer Teilnehmerin auf ein Tischbein, die Hand eines anderen auf die Tischplatte und die Hand eines Dritten an die Schmalseite der Tischplatte. Bitten Sie diese Teilnehmerinnen zu beschreiben, was sie wahrnehmen.

EÜ

EÜ Meine eigene Übung

Wachstumsmöglichkeit:

Methode:

Anzahl der Übenden:

Dauer:

Material:

60

Beschreibung der Übung:

3

Übungen zu Gefühlen

13 Wetterbericht

Wachstumsmöglichkeit:

· empathisches Zuhören
· Einfühlung
· Gefühle im Körper wahrnehmen
· Erweiterung des Gefühlswortschatzes

Methode: Sitzkreis und szenische Darstellung
Anzahl der Übenden: Plenum
Dauer: ca. 15 Minuten
Material: Kopie eines Wetterberichts, Gefühlskarten mit eindeutigen Gefühlen, wie z. B. Freude, Trauer, Ärger / Wut, Angst, Ekel, Müdigkeit, Aufregung. Die Kopiervorlagen „Wetterbericht" und „Gefühlskarten" finden Sie im kostenlosen Downloadbereich unter: **www.gewaltfrei-uebungen.de.**

Beschreibung der Übung:

Teilen Sie den Teilnehmerinnen je einen Wetterbericht und eine Gefühlskarte aus. Bitten Sie die Teilnehmerinnen, nacheinander den Wetterbericht in der auf ihrer Karte genannten Gefühlslage laut vorzulesen. Die anderen Kursteilnehmerinnen erraten das dargestellte Gefühl.

Laden Sie die Teilnehmerinnen zu einem Feedback darüber ein, was sie daraus gelernt haben.

14 Gefühlswortschatz

Wachstumsmöglichkeit:

· Selbsteinfühlung

· Erweiterung des Gefühlswortschatzes

Anzahl der Übenden: Einzeln oder Plenum

Dauer: ca. 20 Minuten

Material: ggf. Flipchart, Kopiervorlage „Gefühlswortschatz". Diese Kopiervorlage finden Sie im kostenlosen Downloadbereich unter: **www.gewaltfrei-uebungen.de.**

Beschreibung der Übung:

Sammeln Sie mit den Teilnehmerinnen Ausdrücke für Gefühle, die die Aussagen „*Mir geht es gut/schlecht!*" präzisieren. **Beispiele:**

„*Mir geht es gut. Ich fühle mich gerade wohl und leicht.*"

„*Mir geht es gut. Ich freue mich.*"

„*Mir geht es gut. Ich bin inspiriert, angeregt, fröhlich...*"

„*Mir geht es schlecht. Ich fühle mich kraftlos.*"

„*Mir geht es schlecht. Ich bin allein.*"

„*Mir geht es schlecht. Ich bin einsam, traurig, genervt...*"

Laden Sie die Teilnehmerinnen zu einem Feedback darüber ein, was sie daraus gelernt haben.

63

Ü 015
P/PL

15 Sprechende Hände

Wachstumsmöglichkeit:

· Einfühlung
· Gefühle im Körper wahrnehmen

Anzahl der Übenden: Paar oder Plenum
Dauer: ca. 10 Minuten

Beschreibung der Übung:

Bitten Sie jeweils zwei Teilnehmerinnen, sich an den Händen zu halten und zu versuchen, nur über die Berührung ein Gefühl zu vermitteln. Die Teilnehmerinnen entscheiden, welche von beiden zuerst das Gefühl errät. Laden Sie sie ein, sich darüber auszutauschen. Danach wechseln sie ihre Rollen.

Im Anschluss erfolgt ein Feedback im Plenum.

64

16 Was habe ich getan? Was brauche ich?

Wachstumsmöglichkeit:

· Selbsteinfühlung
· Übernahme von Verantwortung
· Selbstreflexion
· Gefühle im Körper wahrnehmen

Methode: Meditation
Anzahl der Übenden: Einzeln
Dauer: ca. 20 Minuten

Beschreibung der Übung:

Die Teilnehmer sitzen ruhig und entspannt auf ihrem Platz und schließen ihre Augen. Bitten Sie sie, sich an eine zurückliegende Situation zu erinnern, in der die Teilnehmer nicht das getan haben, was sie eigentlich tun wollten. Laden Sie sie ein, ihren Gefühlen nachzuspüren und ihre nicht erfüllten / erfüllten Bedürfnisse in dieser Situation zu erkennen.

Im nächsten Schritt bitten Sie die Teilnehmer sich vorzustellen in dieser Situation das zu tun, was sie eigentlich tun wollten. Laden Sie die Teilnehmer ein, den sich daraus ergebenden Gefühlen und nicht erfüllten / erfüllten Bedürfnissen nachzuspüren. Begleiten Sie als Leiter dieser Übung die Teilnehmer mit folgender Einladung: *„Spüre wie es ist, wenn Du Dir selbst vertraust und nach Deinen Bedürfnissen handelst."*
Entlassen Sie die Teilnehmer mit der folgenden Affirmation: *„Ich vertraue mir selbst und handle in diesem Vertrauen."*

Laden Sie die Teilnehmer zu einem Feedback darüber ein, was sie daraus gelernt haben.

Variation:

Bitten Sie die Teilnehmer, sich ihren Gesichtsausdruck und ihre Körperhaltung vorzustellen, als sie nicht ihrer Vorstellung entsprechend handelten.

Im nächsten Schritt laden Sie die Teilnehmer ein, sich ihren Gesichtsausdruck und ihre Körperhaltung vorzustellen, wenn sie ihrer Vorstellung entsprechend handeln.

65

17 Bedürfnisse hinter „Mir geht es schlecht"

Wachstumsmöglichkeit:

· Selbsteinfühlung
· Erweiterung des Gefühlswortschatzes
· Bedürfnisse als Motivation für Handlungen erkennen
· Erweiterung des Handlungsspielraums

Anzahl der Übenden: Plenum

Dauer: im Plenum ca. 20 Minuten

Material: Stifte und Papier, ggf. Flipchart, Kopiervorlage „mir geht es gut/schlecht". Diese Kopiervorlage finden Sie im kostenlosen Downloadbereich unter:

www.gewaltfrei-uebungen.de

Beschreibung der Übung:

Ein Aspekt dieser Übung ist die Erkenntnis, dass sogenannte negative Gefühle auf unerfüllte Bedürfnisse hinweisen. Malen Sie auf einen Flipchartbogen ein Herz und schreiben Sie das Wort „schlecht" hinein. Um das Herz schreiben Sie sternförmig Gefühlsworte, die den Begriff „schlecht" näher erläutern, wie z. B. traurig, frustriert etc. Laden Sie die Teilnehmerinnen ein, diesen Gefühlsworten unerfüllte Bedürfnisse zuzuordnen. Als Abschluss laden Sie die Teilnehmerinnen zu einer Wertschätzung für die „negativen" Gefühle ein, als Wegweiser zu den unerfüllten Bedürfnissen.

Laden Sie die Teilnehmerinnen zu einem Feedback darüber ein, was sie daraus gelernt haben.

Variation:

Diese Übung können Sie auch mit dem Begriff „gut" durchführen.

18 Wo kommt meine Wut her?

Ü 018
E + PL

Wachstumsmöglichkeit:
· Erkennen, dass Wut ein sekundäres Gefühl ist, das aus Gedanken entsteht
· Gefühle im Körper wahrnehmen

Anzahl der Übenden: Einzeln und Plenum
Dauer: ca. 10 bis 20 Minuten

Beschreibung der Übung:
Bitten Sie die Teilnehmer, sich selbst in Rage zu bringen, durch allgemein gehaltene
Sätze wie:

„Das ist absolut unmöglich!"
„Immer dasselbe!"
„Wie kann man nur!"
„Das ist rücksichtslos!"

Wichtig hierbei ist, dass keine konkreten Beispiele genannt werden, die die Teilnehmer
wütend machen können. Wenn die Teilnehmer wütend sind, bitten Sie sie, das Wutgefühl
in ihrem Körper zu lokalisieren. Begleiten Sie die Teilnehmer mit den Fragen: *„Wo spüren
Sie die Wut? Im Bauch, in den Schultern, ...?"* Bitten Sie die Teilnehmer aufzuhören, sich
diese Sätze zu sagen, um ihre Wut zu beenden. Sollte dies nicht gelingen, laden Sie sie ein,
sich gegenseitig Einfühlung zu geben.

Laden Sie die Teilnehmer zu einem Feedback darüber ein, was sie daraus gelernt haben.

67

19 Gefühls-Pantomime

Wachstumsmöglichkeit:
· Vermuten von Gefühlen auf Grund der Körperhaltung und Mimik
· Einfühlung

Methode: szenische Darstellung
Anzahl der Übenden: Plenum
Dauer: ca. 15 Minuten, abhängig von der Gruppengröße
Material: Gefühlskarten mit möglichst eindeutigen Gefühlen, die gut zu unterscheiden sind, wie: müde, traurig, froh / fröhlich / freudig, wütend, ängstlich… Die Kopiervorlage „Gefühlskarten" finden Sie im kostenlosen Downloadbereich unter:
www.gewaltfrei-uebungen.de

Beschreibung der Übung:
Lassen Sie jede Teilnehmerin eine Gefühlskarte ziehen. Bitten Sie eine der Teilnehmerinnen, „ihr" Gefühl pantomimisch darzustellen. Bitten Sie die anderen, das dargestellte Gefühl zu erraten. Sobald das Gefühl erraten ist, kommt die nächste Teilnehmerin an die Reihe und stellt „ihr" Gefühl dar. Die Übung endet nach einer abgesprochenen Zeitspanne oder dann, wenn alle Teilnehmerinnen „ihr" Gefühl pantomimisch dargestellt haben.

Laden Sie die Teilnehmerinnen zu einem Feedback darüber ein, was sie daraus gelernt haben.

Variation:
Teilen Sie jeder Teilnehmerin eine Gefühlskarte aus. Bitten Sie eine Teilnehmerin, „ihr" Gefühl pantomimisch darzustellen. Laden Sie alle Teilnehmerinnen ein, dieselbe Körperhaltung einzunehmen und dadurch das dargestellte Gefühl zu erraten. Die Übung endet nach einer abgesprochenen Zeitspanne oder dann, wenn alle Teilnehmerinnen „ihr" Gefühl pantomimisch dargestellt haben.

20 Vermuten von Gefühlen

Wachstumsmöglichkeit:

· Einfühlung
· Erweiterung des Gefühlswortschatzes

Anzahl der Übenden: Paar oder Plenum

Dauer: ca. 10 Minuten

Material: Bilder von Menschen mit verschiedenen Gesichtsausdrücken oder in verschiedenen Körperhaltungen. Eine Bestellmöglichkeit zu Bildern von Menschen mit verschiedenen Gefühlsausdrücken / Körperhaltungen finden Sie unter:
www.conexbooks.de/index.php oder www.k-training.de

Beschreibung der Übung:

Halten Sie Bilder von Menschen bereit, die unterschiedliche Gefühle ausdrücken. Bitten Sie die Teilnehmer, sich diese Bilder anzuschauen und zu vermuten, wie sich diese Menschen fühlen könnten. Sofern die Teilnehmer unterschiedlicher Meinung sind, bitten Sie sie, sich darüber auszutauschen.

Laden Sie die Teilnehmer zu einem Feedback darüber ein, was sie daraus gelernt haben.

Variation:

Halten Sie Bilder von Menschen bereit, die unterschiedliche Gefühle ausdrücken. Bitten Sie die Teilnehmer, sich diese Bilder anzuschauen und zu vermuten, wie sich diese Menschen fühlen könnten. Laden Sie die Teilnehmer im weiteren Verlauf dazu ein, den Gesichtsausdruck oder die Körperhaltung zu imitieren. um sich besser in den anderen hineinversetzen zu können.

69

Ü 021
E / P

21 Bilder sprechen Bände

Wachstumsmöglichkeit:

· Selbsteinfühlung

· Gefühle im Körper wahrnehmen

· Einfühlung

· Erweiterung des Gefühlswortschatzes

Anzahl der Übenden: Einzeln oder Plenum

Dauer: ca. 10 bis 15 Minuten

Material: Bilder, Postkarten, Fotos, Portraits von Menschen in verschiedenen Gefühlslagen, Gefühlskarten und -listen zur Unterstützung. Eine Bestellmöglichkeit zu Bildern von Menschen mit verschiedenen Gefühlsausdrücken / Körperhaltungen finden Sie unter: **www.conexbooks.de/index.php oder www.k-training.de.** Die Kopiervorlagen zu den „Gefühlskarten und -listen" finden Sie im kostenlosen Downloadbereich: **www.gewaltfrei-uebungen.de**

70

Beschreibung der Übung:

Teilen Sie ein Bild, Foto oder eine Postkarte an jeden Teilnehmer aus. Jeder schaut sich dieses Bild eine Minute still an und spürt seinen Gefühlen nach. Wie fühlt er sich bei der Betrachtung des Bildes? Wird diese Übung als Einzelübung durchgeführt, bitten Sie die Teilnehmer, ihre Gefühle aufzuschreiben.

Laden Sie die Teilnehmer zu einem Feedback darüber ein, was sie daraus gelernt haben.

Variation:

Bitten Sie die Teilnehmer, sich in Paaren zusammenzufinden. Laden Sie die Teilnehmer ein, sich gegenseitig ihre Gefühle mitzuteilen. Zusätzlich kann der andere das Gehörte spiegeln. Dann bitten Sie sie, die Rollen zu wechseln.

EÜ Meine eigene Übung

Wachstumsmöglichkeit:

Methode:

Anzahl der Übenden:

Dauer:

Material:

Beschreibung der Übung:

4

Übungen zu Bedürfnissen

22 Wie erfülle ich mir meine Bedürfnisse?

Wachstumsmöglichkeit:
· Erweiterung des Bedürfniswortschatzes
· Abgrenzung von Strategie und Bedürfnis

Anzahl der Übenden: Plenum
Dauer: ca. 15 Minuten, abhängig von der Gruppengröße
Material: Kopiervorlage „Bedürfniskarten". Diese Kopiervorlage finden Sie im kostenlosen Downloadbereich unter: **www.gewaltfrei-uebungen.de**

Beschreibung der Übung:
Halten Sie die vorbereiteten Bedürfniskarten bereit und bitten Sie die Teilnehmerinnen, je eine Karte zu ziehen. Bitten Sie die Teilnehmerinnen, mit den Bedürfniskarten umherzulaufen. Auf ein Signal von Ihnen suchen sich die Teilnehmerinnen eine Partnerin. Laden Sie die Teilnehmerinnen ein, sich wechselseitig zu erzählen, wie sie sich das auf der Karte stehende Bedürfnis erfüllen. Bitten Sie die Teilnehmerinnen, die Karten zu tauschen und sich eine neue Partnerin zu suchen. Die Übung endet nach einer festgelegten Zeitspanne oder dann, wenn alle Teilnehmerinnen mit allen Teilnehmerinnen in Kontakt waren.

Laden Sie die Teilnehmerinnen zu einem Feedback darüber ein, was sie daraus gelernt haben.

Variation:
Halten Sie die vorbereiteten Bedürfniskarten bereit und bitten Sie die Teilnehmerinnen je eine Karte zu ziehen. Bitten Sie die Teilnehmerinnen, mit den Bedürfniskarten umherzulaufen. Auf ein Signal hin von Ihnen suchen sich die Teilnehmerinnen eine Partnerin.

>>

Ü 022
PL

Ayse hält die Bedürfniskarte verdeckt und erläutert ihre Strategie, wie sie sich das Bedürfnis erfüllt. Ben vermutet das dahinter liegende Bedürfnis. Im Anschluss nennt Ben seine Strategie und Ayse vermutet sein Bedürfnis. Danach tauschen die beiden ihre Karten aus und suchen sich neue Partner.

Die Übung endet nach einer festgelegten Zeitspanne oder dann, wenn alle Teilnehmerinnen mit allen Teilnehmerinnen in Kontakt waren.

Variation:

Bringen Sie eine Bedürfniskarte auf Ayses Rücken an, ohne dass sie das Bedürfnis kennt. Bitten Sie Ben Ayse zu erzählen, mit welcher Strategie er sich das Bedürfnis erfüllen würde. Ayse errät daraus das Bedürfnis. Wenn Ayse das Bedürfnis erraten hat, wird die Karte vom Rücken abgenommen und ggf. eine neue angebracht. Wenn nicht, kommt jemand anderes und teilt seine Strategie mit, wie er sich dieses Bedürfnis erfüllen würde. Die Übung endet nach einer festgelegten Zeitspanne oder dann, wenn alle Teilnehmerinnen ein Bedürfnis durch die Erklärung einer Strategie erraten haben.

74

23 Bedürfnis-Pantomime

Wachstumsmöglichkeit:

· Erweiterung des Bedürfniswortschatzes
· Abgrenzung von Strategie und Bedürfnis

Methode: szenische Darstellung
Anzahl der Übenden: Kleingruppe und Plenum
Dauer: ca. 15 Minuten, abhängig von der Gruppengröße
Material: Kopiervorlage „Bedürfniskarten". Diese Kopiervorlage finden Sie im kostenlosen Downloadbereich unter: **www.gewaltfrei-uebungen.de**

Beschreibung der Übung:

Halten Sie die vorbereiteten Bedürfniskarten bereit und bitten Sie die Teilnehmerinnen, je eine Karte zu ziehen. Teilen Sie das Plenum in Kleingruppen à 4-6 Personen auf. Bitten Sie die Teilnehmerinnen, in den Kleingruppen Strategien zu den Bedürfnissen pantomimisch in einer kleinen Geschichte darzustellen. Laden Sie die Teilnehmerinnen im Plenum ein, die Bedürfnisse zu erraten. Im Anschluss erfolgt ein Feedback im Plenum.

75

Variation:

Halten Sie die vorbereiteten Bedürfniskarten bereit und bitten Sie die Teilnehmerinnen, je eine Karte zu ziehen. Bitten Sie die Teilnehmerinnen, das auf der Karte stehende Bedürfnis nacheinander pantomimisch darzustellen. Laden Sie das Plenum ein, die Bedürfnisse zu erraten. Sobald das Bedürfnis erraten ist, bitten Sie die nächste Teilnehmerin „ihr" Bedürfnis darzustellen.

Variation:

Teilen Sie das Plenum in Kleingruppen à 4-6 Personen auf. Geben Sie jeder Kleingruppe eine Karte mit demselben Bedürfnis und bitten Sie sie, die Strategien zur Erfüllung pantomimisch darzustellen. Laden Sie das Plenum ein, die Bedürfnisse zu erraten. Die Teilnehmerinnen der anderen Kleingruppen wissen nicht, dass es sich jeweils um dasselbe Bedürfnis handelt. Die Teilnehmerinnen erhalten auf diese Weise verschiedene Strategien zur Erfüllung des Bedürfnisses.

24 200 Strategien (Wege, Bedürfnisse zu erfüllen)

Wachstumsmöglichkeit:

· Selbsteinfühlung
· Abgrenzung von Strategie und Bedürfnis

Anzahl der Übenden: Plenum

Dauer: ca. 30 Minuten

Material: Kopiervorlage „Bedürfniskarten", Flipchart, ggf. DIN A4 Papier und Stifte für Variation. Die Kopiervorlage „Bedürfniskarten" finden Sie im kostenlosen Downloadbereich unter: **www.gewaltfrei-uebungen.de**.

Beschreibung der Übung:

Halten Sie die vorbereiteten Bedürfniskarten bereit und bitten Sie jeden Teilnehmer, je eine Karte zu ziehen und „sein" Bedürfnis zu nennen. Laden Sie die anderen Teilnehmer im Plenum ein, nacheinander ihre Strategien mitzuteilen, wie sie sich dieses Bedürfnis erfüllen. Wenn der Teilnehmer, dessen Bedürfnis genannt wurde, genügend Strategien gehört hat, kommt der nächste Teilnehmer mit einem neuen Bedürfnis an die Reihe. Die Übung endet, wenn alle Teilnehmer Strategien zu „ihrem" Bedürfnis gesammelt haben oder nach einer festgelegten Zeitspanne.

Laden Sie die Teilnehmer zu einem Feedback darüber ein, was sie daraus gelernt haben.

Variation:

Bitten Sie die Teilnehmer, sich auf ein Bedürfnis zu einigen, zu dem sie Strategien sammeln möchten. Schreiben Sie auf einer Flipchart ein Bedürfnis und sammeln Sie die von den Teilnehmern genannten Strategien. Schreiben Sie diese sternenförmig um das Bedürfnis herum. Geben Sie einige Strategien vor, um die Teilnehmer anzuregen.

25 Mein Hobby = meine Strategie

Wachstumsmöglichkeit:

· Einfühlung
· Abgrenzung von Strategie und Bedürfnis
· Bedürfnisse vermuten

Anzahl der Übenden: Paar und Plenum
Dauer: ca. 15 Minuten

Beschreibung der Übung:

Teilen Sie das Plenum in Paare auf. Bitten Sie die Paare, Folgendes zu tun:

Maria beschreibt eines ihrer Hobbies, ohne es zu benennen. Hans errät dieses Hobby und die dahinter liegenden Bedürfnisse, die sich Maria durch ihr Hobby erfüllt. Bitten Sie die beiden im Anschluss, ihre Rollen zu tauschen. Danach bitten Sie die Teilnehmer in das Plenum zurück.

Laden Sie die Teilnehmer zu einem Feedback darüber ein, was sie daraus gelernt haben.

77

Ü 026
KG + PL

26 Ungeliebte Tätigkeit

Wachstumsmöglichkeit:

· Selbsteinfühlung
· Abgrenzung von Strategie und Bedürfnis
· Wertschätzung
· Verantwortung für sich übernehmen

Anzahl der Übenden: Kleingruppe und Plenum

Dauer: ca. 30 Minuten, abhängig von der Gruppengröße

Beschreibung der Übung:

Teilen Sie das Plenum in Kleingruppen à 4-6 Personen auf. Bitten Sie die Teilnehmerinnen, eine ungeliebte Tätigkeit zu beschreiben, die sie jedoch immer wieder ausführen, z. B. täglich kochen, Treppenhaus putzen, Straße kehren... Laden Sie die Teilnehmerinnen ein, sich ihre Bedürfnisse zu überlegen, die sie sich durch diese Tätigkeit erfüllen. Bitten Sie die Teilnehmerinnen, sich über die darüber erfüllten Bedürfnisse im Plenum auszutauschen.

Laden Sie die Teilnehmerinnen zu einem Feedback darüber ein, was sie daraus gelernt haben.

„Ich kann, weil ich will, was ich muss!"
Immanuel Kant

78

27 Bedürfnisbarometer

Wachstumsmöglichkeit:

· Selbsteinfühlung
· Erweiterung des Bedürfniswortschatzes

Anzahl der Übenden: Einzeln

Dauer: ca. 10 bis 15 Minuten

Material: Kopiervorlage „Bedürfnisliste", Papier und Stifte. Die Kopiervorlage „Bedürf-nisliste" finden Sie im kostenlosen Downloadbereich unter: **www.gewaltfrei-uebungen.de**.

Beschreibung der Übung:

Leiten Sie die Übung folgendermaßen an: Wählen Sie aus der Bedürfnisliste 6-8 Bedürfnisse und erstellen Sie dazu ein Balken- oder Tortendiagramm. Zeigen Sie durch die Darstellung, welches dieser Bedürfnisse gerade mehr oder weniger erfüllt ist. Wiederholen Sie diese Übung in regelmäßigen Abständen. Schauen Sie, ob sich die Größe der „Bedürfnisbalken" verändert. Ändert sich etwas?

79

Für das Balkendiagramm: Malen Sie ein x/y Koordinatenkreuz auf ein Blatt Papier. Malen Sie pro Bedürfnis einen Balken auf der x-Achse. Auf der y Achse legen Sie eine Skala fest, z. B. 10%, 20% bis 100%. Malen Sie den Bedürfnisbalken so hoch, wie Sie finden, dass das Bedürfnis derzeit erfüllt ist.

Für das Tortendiagramm: Malen Sie einen Kreis auf ein Blatt Papier. Legen Sie einen Bereich in diesem Kreis für ein Bedürfnis fest und bestimmen Sie dessen Größe, entsprechend einem Tortenstück. Je nachdem ob das Bedürfnis gut oder weniger gut erfüllt ist, ist auch das Tortenstück groß oder klein.

Laden Sie die Teilnehmer zu einem Feedback darüber ein, was sie daraus gelernt haben.

28 Bedürfnis-Ball / Gefühls-Ball

Wachstumsmöglichkeit:

· Selbsteinfühlung
· Erweiterung des Gefühlswortschatzes
· Erweiterung des Bedürfniswortschatzes

Anzahl der Übenden: Plenum
Dauer: ca. 10 bis 20 Minuten, abhängig von der Gruppengröße
Material: Ball

Beschreibung der Übung:

Die Teilnehmerinnen sitzen im Kreis. Nennen Sie ein Bedürfnis und werfen Sie einer Teilnehmerin einen Ball zu. Bitten Sie die Teilnehmerin ein Gefühl zu nennen, wenn dieses Bedürfnis bei ihr nicht erfüllt ist. Bitten Sie sie, den Ball einer anderen Teilnehmerin zuzuwerfen und ein anderes Bedürfnis zu benennen und wie eben beschrieben fortzufahren. Die Übung endet nach einer festgelegten Zeit oder dann, wenn alle Teilnehmerinnen ein Bedürfnis benannt haben. In einer weiteren Runde können die Gefühle genannt werden, wenn die Bedürfnisse erfüllt sind.

Laden Sie die Teilnehmerinnen zu einem Feedback darüber ein, was sie daraus gelernt haben.

Variation:

Die Teilnehmerinnen sitzen im Kreis. Nennen Sie ein Gefühl und werfen Sie einer Teilnehmerin einen Ball zu. Bitten Sie die Teilnehmerin, ein erfülltes/nicht erfülltes Bedürfnis zu diesem Gefühl zu sagen. Bitten Sie sie, den Ball einer anderen Teilnehmerin zuzuwerfen und ein anderes Gefühl zu benennen und wie eben beschrieben fortzufahren. Die Übung endet nach einer festgelegten Zeit oder dann, wenn alle Teilnehmerinnen ein Gefühl benannt haben.

29 Bedürfnisorakel

Wachstumsmöglichkeit:

· Gefühle im Körper wahrnehmen
· Bedürfnisse als Ursache für Gefühle erkennen

Methode: Bodenanker
Anzahl der Übenden: Einzeln oder Plenum
Dauer: ca. 20 Minuten
Material: Kopiervorlage „Bedürfniskarten". Diese Kopiervorlage finden Sie im kostenlosen Downloadbereich unter: **www.gewaltfrei-uebungen.de**

Beschreibung der Übung:

Legen Sie verschiedene Bedürfniskarten offen auf den Boden. Bitten Sie die Teilnehmer, sich nacheinander auf mehrere Karten zu stellen und zu spüren, wie sie sich dort fühlen. Laden Sie die Teilnehmer zu einem Feedback darüber ein, was sie daraus gelernt haben.

Variation:

Legen Sie verschiedene Bedürfniskarten verdeckt auf den Boden. Bitten Sie die Teilnehmer, sich nacheinander auf mehrere Karten zu stellen und zu spüren, wie sie sich dort fühlen. Bitten Sie sie außerdem zu vermuten, welches Bedürfnis auf der Karte steht.

81

30 Mein Bedürfnis nach...

Nach Stefan Fuchs, Darmstadt.

Wachstumsmöglichkeit:

· Selbsteinfühlung
· Erweiterung des Bedürfniswortschatzes

Anzahl der Übenden: Plenum
Dauer: ca. 10 Minuten
Material: Kopiervorlage „Selbsteinfühlung in den 4 Schritten". Diese Kopiervorlage finden Sie im kostenlosen Downloadbereich unter: **www.gewaltfrei-uebungen.de**.

Beschreibung der Übung:

Bitten Sie die Teilnehmerinnen, sich eine für sie herausfordernde alltägliche bzw. wiederkehrende Situation vorzustellen. Laden Sie sie dazu ein, in der Kopiervorlage die Schritte „Beobachtung", „Gefühl" und „Bedürfnis" zu dieser Situation einzutragen. Im weiteren Verlauf dieser Übung bitten Sie alle Teilnehmerinnen, durch den Raum zu gehen und vor einer Person ihrer Wahl stehen zu bleiben und ihr das unerfüllte Bedürfnis mitzuteilen. Die andere Person benennt ebenfalls ihr unerfülltes Bedürfnis. Die Personen gehen weiter und teilen sich anderen Teilnehmerinnen mit.

Im Anschluss erfolgt ein Feedback dazu. Wie ging es den Teilnehmerinnen während der Übung? Wie geht es ihnen jetzt?

Beispiel:

Kemal sagt laut zu Petra: *„Ich brauche Ruhe!!!"*
Petra sagt zu Kemal: *„Ich will Sicherheit!"*

>>

Variation:

Bitten Sie die Teilnehmerinnen, sich eine für sie herausfordernde alltägliche bzw. wiederkehrende Situation vorzustellen. Laden Sie sie dazu ein, sich in sich selbst einzufühlen, indem sie die Schritte „Beobachtung", „Gefühl" und „Bedürfnis" zu dieser Situation benennen. Im weiteren Verlauf dieser Übung bitten Sie alle Teilnehmerinnen, durch den Raum zu gehen und vor einer Person ihrer Wahl stehen zu bleiben und ihr das unerfüllte Bedürfnis zu benennen. Der Partner wiederholt das gehörte Bedürfnis. Dann tauschen die beiden ihre Rollen. Die beiden gehen weiter und teilen sich anderen Teilnehmerinnen mit. Im Anschluss erfolgt ein Feedback dazu. Wie ging es den Teilnehmerinnen während der Übung? Wie geht es ihnen jetzt?

Beispiel:

Kemal sagt laut zu Petra: „*Ich brauche Ruhe!!!*"
Petra: „*Ach, Du brauchst Ruhe.*"

83

Ü 031
P

31 Aber ich höre mich!

Wachstumsmöglichkeit:

· Selbsteinfühlung
· Selbstausdruck

Anzahl der Übenden: Paar

Dauer: ca. 10 Minuten

Material: Kopiervorlage „Selbsteinfühlung in den vier Schritten". Diese Kopiervorlage finden Sie im kostenlosen Downloadbereich unter: **www.gewaltfrei-uebungen.de**

Beschreibung der Übung:

Bitten Sie die Teilnehmer, sich in Paaren zusammenzufinden und teilen Sie die Kopiervorlage aus. Laden Sie die Teilnehmer ein, sich eine für sie herausfordernde alltägliche bzw. wiederkehrende Situation vorzustellen. Bitten Sie sie, sich in sich selbst einzufühlen, indem sie die Schritte „Beobachtung", „Gefühl" und „Bedürfnis" zu dieser Situation herausfinden und in die Kopiervorlage eintragen. Laden Sie sie ein, ihrem Partner das unerfüllte Bedürfnis mitzuteilen. Wie fühlt es sich an, das Bedürfnis laut ausgesprochen zu hören?

Laden Sie die Teilnehmer zu einem Feedback darüber ein, was sie daraus gelernt haben.

32 Das große Los

Wachstumsmöglichkeit:
· Selbsteinfühlung
· Bedürfnisse als Motivation für Handlungen erkennen
· Abgrenzung moralische Bewertung von wertfreier Beobachtung

Anzahl der Übenden: Plenum
Dauer: ca. 5 bis 20 Minuten.
Material: Zettel, Schreibutensilien, Dose

Beschreibung der Übung:
Vorbereitung der Übung: Schreiben Sie Bedürfnisse auf kleine Zettel und falten Sie diese wie Lose zusammen. Legen Sie die Lose in eine Dose (eine, die Ihnen Freude macht beim Ansehen). Lassen Sie die Teilnehmer ein Los ziehen.

1. Bitten Sie sie, sich Wege zu überlegen, wie sie sich das Bedürfnis über den Tag erfüllen wollen und abends schauen, ob und wie sie es sich erfüllt haben.
2. Bitten Sie sie, während des Tages immer wieder ihre Aufmerksamkeit auf das Bedürfnis zu richten, das auf dem Los steht, mit den Fragen: „Habe ich es mir heute schon erfüllt? Wenn ja, mit welchen Strategien?"

Laden Sie die Teilnehmer zu einem Feedback darüber ein, was sie daraus gelernt haben.

Variation:
Schreiben Sie Bedürfnisse auf kleine Zettel und falten diese wie Lose zusammen. Legen Sie die Lose in eine Dose (eine, die Ihnen Freude macht beim Ansehen). Lassen Sie die Teilnehmer der Reihe nach ein Los ziehen. Bitten Sie die Teilnehmer, sich am Ende des Seminars darüber auszutauschen, wie sie sich das jeweilige Bedürfnis erfüllt haben.

85

EÜ

EÜ Meine eigene Übung

Wachstumsmöglichkeit:

Methode:

Anzahl der Übenden:

Dauer:

Material:

86

Beschreibung der Übung:

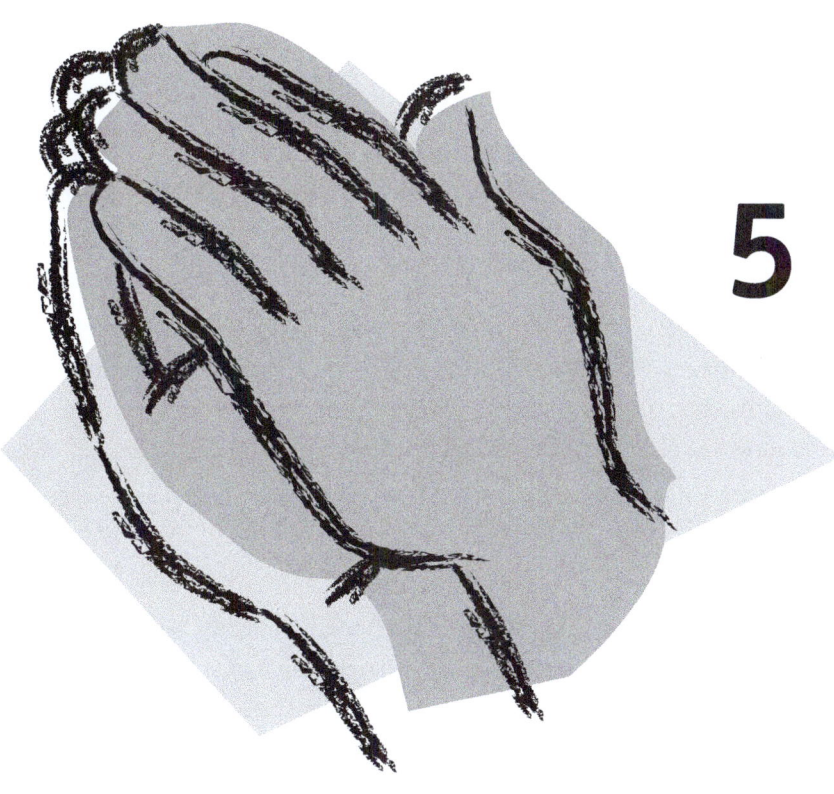

5

Übungen zur Formulierung der Bitte

33 So nicht!

Wachstumsmöglichkeit:

· Erkennen, dass eine positiv ausgedrückte Bitte die Wahrscheinlichkeit erhöht, dass der andere versteht, um was ich wirklich bitte

· achtsamer Umgang mit Sprache

Methode: szenische Darstellung

Anzahl der Übenden: Kleingruppe

Dauer: ca. 15 Minuten in der Kleingruppe

und nochmals 10 Minuten für das Feedback im Plenum

Beschreibung der Übung:

Teilen Sie das Plenum in Kleingruppen à 4-6 Personen auf. Bitten Sie einen Teilnehmer aus jeder Gruppe, den Raum zu verlassen. Bitten Sie die weiteren Gruppenmitglieder, sich eine Körperhaltung zu überlegen, die der Teilnehmer einnehmen soll, der den Raum verlassen hat. Der Teilnehmer wird wieder hereingebeten und angeleitet, die ausgedachte Position einzunehmen, in dem die Gruppe ihm Anweisungen erteilt, was er **nicht** tun soll.

Beispiel:

Die Gruppe einigt sich z. B. auf folgende Körperhaltung: „Der Teilnehmer sitzt auf einem Stuhl und hat die Beine übereinander geschlagen. Die rechte Hand liegt auf dem rechten Oberschenkel, der linke Arm ist nach oben gestreckt." Der draußen Wartende wird hereingebeten und erhält verneinende Anweisungen, z. B.: *Bleibe nicht stehen"* oder *„Stehe nicht mit beiden Füßen auf dem Boden"...* Die Übung ist zu Ende, wenn die gewünschte Position eingenommen ist. Sofern noch Zeit ist, kann eine neue Runde stattfinden.

Laden Sie die Teilnehmer zu einem Feedback darüber ein, was sie daraus gelernt haben.

88

34 Formulieren Sie Ihre Bitten

Wachstumsmöglichkeit:

· konkrete, machbare Bitten formulieren

Anzahl der Übenden: Kleingruppe
Dauer: ca. 20 Minuten
Material: pro Gruppe ein Ball

Beschreibung der Übung:

Bitten Sie die Teilnehmerinnen, sich in Kleingruppen à 4-6 Personen zusammenzu-finden und geben Sie jeder Gruppe einen Ball. Laden Sie die Teilnehmerinnen ein, sich eine Bitte zu überlegen, die sie an eine andere Person richtet.

Ayse formuliert eine Bitte und wirft Hans den Ball zu. Wenn Hans eine konkrete, posi-tive, jetzt erfüllbare Bitte gehört hat, wirft er den Ball weiter und formuliert seine Bitte. Wenn Hans keine konkrete, positive, jetzt erfüllbare Bitte gehört hat, unterstützt er Ayse durch weitere Fragen, die Bitte ihrer Absicht entsprechend zu formulieren. Danach wirft er den Ball weiter und formuliert seine Bitte.

Laden Sie die Teilnehmerinnen zu einem Feedback darüber ein, was sie daraus gelernt haben.

Ü 035
KG / PL

35 Bitten oder Forderungen

Wachstumsmöglichkeit:

· konkrete, machbare Bitten formulieren
· Selbsteinfühlung
· Einfühlung

Methode: Rollenspiel
Anzahl der Übenden: Kleingruppe oder Plenum
Dauer: ca. 45 Minuten

Beschreibung der Übung:

Wählen Sie eine Teilnehmerin aus, eine Bitte „wie im Alltag" zu formulieren, z. B.:

„Trage bitte den Müll runter!"
„Hänge bitte den Mantel an den Haken!"
„Setze dich bitte auf den Boden!"
auch: „Bist du bereit, das Papier aufzuheben?"

90

Bitten Sie Petra, die Bitten in unterschiedlichem Ton zu formulieren (fordernd, kommandierend, fragend, bittend). Laden Sie die anderen Teilnehmerinnen ein, so zu reagieren, wie ihnen gerade zumute ist: Wer will, tut es. Wer nicht will, tut es nicht.

Laden Sie die Teilnehmerinnen zu einem Feedback darüber ein, was sie daraus gelernt haben, in dem sie die folgenden Fragen für sich beantworten:

· Wie habe ich mich gefühlt?
· Habe ich die Aussage als Bitte oder Forderung gehört?
· Welches Bedürfnis war erfüllt / nicht erfüllt, als ich es getan / nicht getan habe?
· Hat der Ton einen Unterschied gemacht?

>>

Erweiterung 1:

Petra äußert die gleichen Bitten zusammen mit Gefühl, Bedürfnis und mit einer Beobachtung:

„Ich bin müde und brauche Unterstützung, trage bitte den Müll runter."
„Ich brauche Sicherheit, der Mantel liegt so, dass ich leicht darüber stolpern kann, wenn ich in den Flur gehe. Bist du bereit, ihn an den Haken zu hängen?"

Bitten Sie die Teilnehmerinnen, so zu reagieren, wie ihnen gerade zumute ist: Wer will, tut es. Wer nicht will, tut es nicht.

Laden Sie die Teilnehmerinnen zu einem Feedback darüber ein, was sie daraus gelernt haben, indem sie die folgenden Fragen für sich beantworten:

· Wie habe ich mich gefühlt?
· Habe ich die Aussage als Bitte oder Forderung gehört?
· Welches Bedürfnis war erfüllt / nicht erfüllt, als ich es getan / nicht getan habe?
· Gab es einen Unterschied zur ersten Version?

Erweiterung 2:

Wenn die Teilnehmerinnen Petras Bitte nicht erfüllen, laden Sie Petra ein, mit Selbsteinfühlung zu reagieren. Lassen Sie Petra die Selbsteinfühlung zu Übungszwecken laut aussprechen, ggf. mit Unterstützung durch andere Teilnehmerinnen oder Sie als Leiterin. Danach formuliert Petra ihre Bitte erneut.

Laden Sie die Teilnehmerinnen zu einem Feedback darüber ein, was sie daraus gelernt haben, indem sie die folgenden Fragen für sich beantworten:

· Wie habe ich mich gefühlt?
· Habe ich die Aussage als Bitte oder Forderung gehört?
· Welches Bedürfnis war erfüllt / nicht erfüllt, als ich es getan / nicht getan habe?
· Gab es einen Unterschied zur vorhergehenden Version?

Ü 035
KG / PL

Erweiterung 3:

Wenn auch nach der Selbsteinfühlung Petras und ihrer Umformulierung der Bitte dieser nicht entsprochen wird, bitten Sie sie mit Einfühlung auf diejenige zu reagieren, die „Nein" gesagt hat.

Laden Sie die Teilnehmerinnen zu einem Feedback darüber ein, was sie daraus gelernt haben, indem sie die folgenden Fragen für sich beantworten:

· Wie habe ich mich gefühlt?
· Habe ich die Aussage als Bitte oder Forderung gehört?
· Welches Bedürfnis war erfüllt / nicht erfüllt, als ich es getan / nicht getan habe?
· Gab es einen Unterschied zur vorhergehenden Version?

Variation „Witzige Bitten":

(von Milli O'Nair, australische Trainerin für Gewaltfreie Kommunikation, gestorben im Mai 2009)

Die Übung kann auch mit Bitten durchgeführt werden, die nicht so üblich sind und als witzig wahrgenommen werden, z. B. *„Stehe auf einem Bein und hebe eine Hand in die Luft!"* Die Teilnehmerin tut es oder sie tut es nicht.

Laden Sie die Teilnehmerinnen zu einem Feedback zu folgenden Fragen ein:

· Wie habe ich mich gefühlt?
· Habe ich die Aussage als Bitte oder Forderung gehört?
· Welches Bedürfnis war erfüllt / nicht erfüllt, als ich es getan / nicht getan habe?

92

EÜ Meine eigene Übung

EÜ

Wachstumsmöglichkeit:

Methode:

Anzahl der Übenden:

Dauer:

Material:

93

Beschreibung der Übung:

6

Übungen zur Selbstempathie

36 Selbsteinfühlungstanz

Nach Bridget Belgrave und Gina Lawrie, England.

Wachstumsmöglichkeit:

· Selbsteinfühlung
· Konfliktklärung
· Begleitung von Bodenankerprozessen

Methode: Bodenanker
Anzahl der Übenden: Einzeln oder Paar oder Plenum
Dauer: ca. 45 Minuten
Material: Bodenanker – die vier Schritte inkl. Bewertungskarte. Eine Bestellmöglichkeit zu den Original-Bodenankerkarten nach Bridget Belgrave und Gina Lawrie für diesen Selbsteinfühlungstanz finden Sie unter: **www.life-resources-shop.com**

Beschreibung der Übung:

Bei Anfängerinnen empfiehlt es sich, dass Sie als Leiterin den „Tanz" begleiten. Bei Teilnehmerinnen mit Erfahrung in Selbsteinfühlung kann eine andere den „Tanz" begleiten oder die Teilnehmerin geht alleine durch. Es gibt keinen „richtigen" Einstieg für diesen „Tanz".

Bitten Sie eine Teilnehmerin, sich an eine Situation zu erinnern, die heute noch schmerzhaft oder freudvoll für sie ist und die sie sich mit dieser Methode anschauen möchte. Die Bodenankerkarten „Bewertungen/Beschuldigungen", „Beobachtung", „Gefühl", „Bedürfnis" und „Bitte" werden in dieser Reihenfolge auf dem Boden ausgelegt. Die „Tänzerin" fängt bei dem Schritt an, auf dem ihre Aufmerksamkeit gerade liegt, z. B. auf „Beobachtung" oder „Gefühl" oder „Bewertung". Ziel des „Tanzes" ist es, die erfüllten / unerfüllten Bedürfnisse zu erkennen und eine passende Bitte zu formulieren.

Üblicherweise geht das nicht geradlinig von „Bewertungen/Beschuldigungen" bis „Bitte", sondern hin und her, weil z. B. auf der Bedürfniskarte oder der Gefühlskarte neue moralische Bewertungen auftreten kann. Daher kommt auch die Bezeichnung „Selbsteinfühlungstanz". Wir empfehlen auf ein Feedback zu verzichten, wenn eine Person durch einen tiefen Prozess gegangen ist. Das ermöglicht ihr, in dieser Energie zu bleiben. Wenn es Fragen zum Prozess gibt, können Sie die Person bitten, den Raum zu verlassen.

95

37 Gegenwart

Wachstumsmöglichkeit:

· Selbsteinfühlung
· Verantwortung für sich übernehmen

Anzahl der Übenden: Kleingruppe
Dauer: ca. 45 Minuten

Beschreibung der Übung:

Teilen Sie das Plenum in Kleingruppen à 4-6 Personen auf. Bitten Sie die Teilnehmerinnen, in sich hinein zu spüren, was gerade lebendig ist und es sich gegenseitig in den vier Schritten „Beobachtung", „Gefühl", „Bedürfnis" und „Bitte" mitzuteilen.

Laden Sie die Teilnehmerinnen zu einem Feedback darüber ein, was sie daraus gelernt haben.

96

38 Wandlung der Strategien in unterschiedlichen Lebensphasen

Wachstumsmöglichkeit:

· Selbsteinfühlung

· Abgrenzung von Strategie und Bedürfnis

Anzahl der Übenden: Paar und Plenum

Dauer: ca. 60 Minuten

Material: Kopiervorlage „Bedürfnisliste". Diese Kopiervorlage finden Sie im kostenlosen Downloadbereich unter: **www.gewaltfrei-uebungen.de**.

Beschreibung der Übung:

Teilen Sie das Plenum in Paare auf. Bitten Sie die Teilnehmer, sich drei Bedürfnisse zu überlegen, die für sie derzeit schwer zu erfüllen sind. Die Paare tauschen sich darüber aus, wie sie sich diese drei Bedürfnisse in der Kindheit erfüllt haben.

Auf ein Signal hin suchen sich die Teilnehmer einen neuen Partner. Diese beiden tauschen sich darüber aus, wie sie sich diese Bedürfnisse in der Pubertät erfüllt haben.

Auf ein erneutes Signal hin, sucht sich jeder einen neuen Partner und tauscht sich mit ihm darüber aus, wie er sich diese Bedürfnisse heute erfüllt und künftig erfüllen möchte.

Laden Sie die Teilnehmer zu einem Feedback darüber ein, was sie daraus gelernt haben.

39 Visionen

Wachstumsmöglichkeit:

· Selbsteinfühlung
· konkrete Strategien und nächste Schritte formulieren

Anzahl der Übenden: Einzeln
Dauer: bis zu 90 Minuten

Beschreibung der Übung:

Geben Sie ein Thema vor, mit dem die Teilnehmer in dieser Übung arbeiten oder lassen Sie die Teilnehmer selbst eines wählen, z.B. Sexualität, Beruf, Familie, Wohnort, Geld, Sport, ...

Bitten Sie jeden Teilnehmer, seine Vision darüber aufzuschreiben, was er in Bezug auf dieses Thema in ca. einem Jahr erreichen möchte. Bitten Sie im weiteren Verlauf der Übung die Teilnehmer, die Antworten auf folgende Fragen für sich zu beantworten:

· Wo stehe ich jetzt in Bezug auf meine Vision?
· Welche Bedürfnisse möchte ich mir durch Erreichen dieser Vision erfüllen?
· Welche Strategien wähle ich zum Erreichen der Vision?
· Wann möchte ich welche Strategie umsetzen?

Laden Sie die Teilnehmer zu einem Feedback darüber ein, was sie daraus gelernt haben.

40 Notruf

Wachstumsmöglichkeit:

· Selbsteinfühlung
· Selbstausdruck
· gewaltfreies Unterbrechen

Methode: Rollenspiel
Anzahl der Übenden: Paar
Dauer: ca. 10 Minuten

Beschreibung der Übung:

Teilen Sie das Plenum in Paare auf und bitten Sie die Teilnehmer, die folgende Anleitung zu befolgen:

Stellen Sie sich eine Situation vor, in der es Ihnen (sehr) eng ist. Bitten Sie Ihren Partner die Handlung, Geste oder Aussage zu machen, die bei Ihnen das Engegefühl auslöst. Sie setzen eine Grenze, indem Sie „Stopp" rufen, Ihr unerfülltes Bedürfnis mitteilen und ggf. mit einer entsprechenden Geste reagieren. Bitten Sie Ihren Partner um Unterstützung zur Erfüllung dieses Bedürfnisses.

Laden Sie die Teilnehmer zu einem Feedback darüber ein, was sie daraus gelernt haben.

Ein Beispiel:

Die Kinder toben und ich habe Kopfschmerzen und brauche Ruhe. Ich rufe z. B. laut „Stopp!", „Ruhe!" oder „Halt!" und teile mein unerfülltes Bedürfnis mit der sich anschließenden Bitte mit: „Ich brauche Ruhe. Seid Ihr bereit, draußen weiterzuspielen?"

Ü 041
E/P

41 Wiederkehrender Konflikt in mir (Immer ich)

Wachstumsmöglichkeit:

- Selbsteinfühlung
- Selbstwertschätzung
- Konfliktklärung
- Begleitung von Bodenankerprozessenn

Methode: Bodenanker
Anzahl der Übenden: Einzeln oder Paar
Dauer: ca. 30 Minuten
Material: Bodenankerkarten zur Selbsteinfühlung in den vier Schritten können hilfreich sein. Eine Bestellmöglichkeit zu den Original-Bodenankerkarten nach Bridget Belgrave und Gina Lawrie für diesen Selbsteinfühlungstanz finden Sie unter:
www.life-resources-shop.com

Beschreibung der Übung:

100

Teilen Sie das Plenum in Paare auf. Bitten Sie die Teilnehmerinnen pro Paar, einen wiederkehrenden Konflikt mit sich selbst zu benennen und sich gemäß den vier Schritten („Beobachtung", „Gefühl", „Bedürfnis", „Bitte") mitzuteilen.

„Diesmal höre ich mit dem Rauchen auf. Ich weiß nicht, ob ich das schaffe, ich habe es schon etliche Male versucht. Dabei kann ich mich beim Rauchen so gut entspannen" wird zu:

„Diesmal höre ich mit dem Rauchen auf" wird z. B. zu:
„Ich habe Angst, krank zu werden." (Gefühl)
„Meine Gesundheit ist mir wichtig." (Bedürfnis, das ich mir erfüllen will)
„Ich höre jetzt mit dem Rauchen auf." (Bitte)
„Das wird mir Sicherheit in Bezug auf meine Gesundheit und Entwicklung erfüllen." (Bedürfnis, das ich mir erfüllen will)
„Darüber freue ich mich sehr." (Gefühl zu erfülltem Bedürfnis)

„Ich weiß nicht, ob ich das schaffe, ich habe es schon etliche Male versucht, dabei kann ich mich beim Rauchen so gut entspannen" wird z. B. zu:

Ü 041
E / P

„Wenn ich mit dem Rauchen aufhören will, fühle ich mich ratlos und überfordert." (Gefühl)

„Mir fehlt das Vertrauen, dass ich es schaffe." (unerfülltes Bedürfnis)

„Ich habe es schon fünfmal erfolglos probiert in den letzten drei Jahren." (Beobachtung)

„Ich glaube, ich brauche Unterstützung." (unerfülltes Bedürfnis)

„Beim Rauchen kann ich mich immer so gut entspannen." (erfülltes Bedürfnis)

Beide Handlungen erfüllen Bedürfnisse. Um zu einer Lösung zu kommen, bitten Sie die Teilnehmerinnen beiden Seiten Einfühlung zu geben und nach Strategien zu suchen, wie sie sich die Bedürfnisse gleichzeitig erfüllen können: Gesundheit, Sicherheit, Entwicklung, Entspannung und Unterstützung.

Laden Sie die Teilnehmerinnen ein, die jetzt spürbaren Gefühle zu verankern (siehe hierzu „Verankerung" auf Seite 22). Begleiten Sie die Teilnehmerinnen durch die Verankerung. Laden Sie die Teilnehmerinnen zu einem Feedback darüber ein, was sie daraus gelernt haben.

101

Variation:

Teilen Sie das Plenum in Kleingruppen à 4-6 Personen auf. Bitten Sie die Teilnehmerinnen innerhalb der Kleingruppe, sich einen wiederkehrenden Konflikt mit sich selbst zu benennen und sich gemäß den vier Schritten („Beobachtung", „Gefühl", „Bedürfnis", „Bitte") mitzuteilen. Hierbei kann eine Teilnehmerin Begleiterin in diesem Prozess sein. Eine zweite steht zur Seite und kann unterstützend tätig werden, sobald die erste Begleiterin die Unterstützung benötigt.

Variation:

Laden Sie die Teilnehmerinnen ein, diesen Prozess schriftlich alleine für sich zu durchlaufen. Nutzen Sie dazu die Kopiervorlage zur Selbsteinfühlung in den 4 Schritten. Diese Kopiervorlage finden Sie im kostenlosen Downloadbereich unter:

www.gewaltfrei-uebungen.de.

Ü 042
P

42 Wiederkehrender Konflikt mit anderen (Immer die anderen)

Wachstumsmöglichkeit:

· Selbsteinfühlung

Methode: Bodenanker oder schriftlich
Anzahl der Übenden: Paar
Dauer: ca. 30 Minuten
Material: Bodenankerkarten zur Selbsteinfühlung in den vier Schritten können hilfreich sein. Eine Bestellmöglichkeit zu den Original-Bodenankerkarten nach Bridget Belgrave und Gina Lawrie zur Selbsteinfühlung finden Sie unter:
www.life-resources-shop.com

Beschreibung der Übung:

Bitten Sie die Teilnehmer, sich in Paaren zusammenzufinden. Bitten Sie einen Teilnehmer, seinen wiederkehrenden Konflikt mit einer anderen Person zu benennen und sich mit den vier Schritten („Beobachtung", „Gefühl", „Bedürfnis", „Bitte") mitzuteilen. Sie oder je nach Erfahrung ein anderer Teilnehmer, begleitet ihn in diesem Prozess.

Beispiel:

Aus *„Herr Müller grüßt mich nie, wenn wir uns auf dem Flur begegnen"* wird dann:

„Gestern und heute Morgen hat mich Herr Müller nicht gegrüßt." (Beobachtung)
„Das ärgert mich und ich bin verwundert." (Gefühl)
„Ich möchte gesehen werden und mir ist Gemeinschaft wichtig." (Bedürfnis)
„Morgen grüße ich ihn, wenn ich ihn sehe, und wünsche ihm einen schönen Tag." (Bitte)

Laden Sie die Teilnehmer zu einem Feedback darüber ein, was sie daraus gelernt haben.

Variation:

Teilen Sie das Plenum in Kleingruppen à 4-6 Personen auf. Hierbei kann ein Teilnehmer Begleiter sein. Ein zweiter steht zur Seite und kann unterstützend tätig werden, sobald der erste Begleiter die Unterstützung benötigt.

43 Meine Angst und ich

Wachstumsmöglichkeit:
· Selbsteinfühlung
· Wertschätzung
· Erweiterung des Handlungsspielraums
· Sinn von Angst erfahren

Anzahl der Übenden: Kleingruppe
Dauer: ca. 30 Minuten

Beschreibung der Übung:

Teilen Sie das Plenum in Kleingruppen à 4-6 Personen auf. Bitten Sie Maria, eine konkrete Angst oder Situation, in der sie Angst hat, zu benennen. Ayse unterstützt Maria über empathisches Zuhören (siehe Ü 054 Empathisches Zuhören), die durch die Angst erfüllten Bedürfnisse zu erkennen. Ben unterstützt Maria über empathisches Zuhören, die durch die Angst nicht erfüllten Bedürfnisse zu erkennen.

Maria wertschätzt ihre Angst als Strategie, um einen Teil ihrer Bedürfnisse zu erfüllen. Laden Sie die anderen Gruppenmitglieder ein, Maria dabei zu unterstützen, neue Strategien zu finden, um sich diese Bedürfnisse zu erfüllen. Wenn Maria es hören möchte, benennen die anderen Gruppenmitglieder ihre Strategie, mit der sie dieser Angstsituation begegnen würden.

Beispiel:

Maria hat Angst bei Glatteis auszurutschen. Sie geht langsam und vorsichtig. Erfüllt ist das Bedürfnis nach Sicherheit. Nicht erfüllt ist ihr Vertrauen in den eigenen Körper. Maria gibt der Angst Wertschätzung, da sie dazu beiträgt, ihr körperliches Wohlbefinden zu ermöglichen und Sicherheit zu erfüllen.

Laden Sie die Teilnehmer zu einem Feedback darüber ein, was sie daraus gelernt haben.

103

Ü 044
P

44 Kontakt zur Vergangenheit

Wachstumsmöglichkeit:

· Selbsteinfühlung
· Einfühlung
· Konfliktklärung
· Versöhnung
· Begleitung von Bodenankerprozessen

Methode: Bodenanker, einfühlsames Zuhören, Rollenspiel
Anzahl der Übenden: Paar
Dauer: ca. 30 Minuten pro Teilnehmer
Material: Bodenankerkarten zur Selbsteinfühlung. Eine Bestellmöglichkeit zu den Original-Bodenankerkarten nach Bridget Belgrave und Gina Lawrie zur Selbsteinfühlung finden Sie unter: **www.life-resources-shop.com**

Beschreibung der Übung:

104

Bitten Sie die Teilnehmer, sich in Paaren zusammenzufinden und sich an einen Konflikt zu erinnern mit einer Person, zu der sie keinen Kontakt mehr haben. Gleichzeitig belastet sie der Konflikt noch. Bitten Sie Hans, seine Beobachtung, Gefühle und unerfüllten Bedürfnisse mit Unterstützung des Partners zu seinem Konflikt zu klären (Einfühlung).

Laden Sie die Teilnehmer zu einem Feedback darüber ein, was sie daraus gelernt haben.

Erweiterung:

Diese Übung kann mit Unterstützung eines Partners als „13-Schritte Tanz" zur Einfühlung in den anderen erweitert werden (siehe Übung Ü052 „Der 13-Schritte Tanz"). Eine Begleitperson schlüpft in die Rolle der Person, mit der Hans einen Konflikt hatte. Sie oder je nach Erfahrung ein anderer Teilnehmer, begleiten die beiden in diesem Prozess.

45 Sag „Ja" zu Deinem „Nein"

Ü 045
E/P

Wachstumsmöglichkeit:

· Selbsteinfühlung
· Einfühlung
· Transformation vom „Nein" ins „Ja"

Anzahl der Übenden: Einzeln oder Paar
Dauer: ca. 10 bis 20 Minuten

Beschreibung der Übung:

Bitten Sie die Teilnehmer, sich ein „Nein" aus ihrem Leben vorzustellen, z.B.: *„Ich will nicht kochen."* Laden Sie die Teilnehmer dazu ein, herauszufinden, welche Bedürfnisse sie sich durch dieses „Nein" erfüllen und welche nicht. Laden Sie sie weiterhin ein herauszufinden, welche Bedürfnisse sie sich erfüllen, wenn sie es doch tun.

Laden Sie die Teilnehmer zu einem Feedback darüber ein, was sie daraus gelernt haben.

Variation:

105

Teilen Sie das Plenum in Paare auf. Die Teilnehmer unterstützen sich gegenseitig durch empathisches Zuhören dabei, die Bedürfnisse herauszufinden. Bitten Sie die Teilnehmer, sich ein „Nein" aus ihrem Leben vorzustellen, z.B.: *„Ich will nicht kochen."* Laden Sie die Teilnehmer dazu ein, herauszufinden, welche Bedürfnisse, sie sich durch dieses „Nein" erfüllen und welche nicht.

Im nächsten Schritt finden die Teilnehmer heraus, welche Bedürfnisse sie sich erfüllen, wenn sie es doch tun.

Ü 046
P

46 Ein „Nein" ist ein „Ja" zu anderen Bedürfnissen / Strategien

Wachstumsmöglichkeit:

· Selbsteinfühlung

· Abgrenzung von Strategie und Bedürfnis

· Verantwortung für sich übernehmen

· das „Nein" zu einer Strategie nicht als Ablehnung meiner Person wahrnehmen

Methode: Rollenspiel

Anzahl der Übenden: Paar

Dauer: ca. 15 Minuten

Beschreibung der Übung:

Teilen Sie das Plenum in Paare auf. Bitten Sie eine Person des Paares (Maria), sich an eine Situation zu erinnern, in der sie „Nein" zu einem Vorschlag / einer Bitte einer anderen Person (Ayse) gesagt hat und sie kurz der Übungspartnerin zu beschreiben. Die Übungspartnerin nimmt die Rolle der anderen Person ein.

Im ersten Schritt findet Maria heraus, welches Bedürfnis sie sich mit dem „Nein" erfüllen wollte, d. h. zu welchem Bedürfnis sie „Ja" gesagt hat. Bitten Sie Maria, dies Ayse mitzuteilen. Laden Sie Maria im nächsten Schritt dazu ein herauszufinden, welches Bedürfnis sich Ayse mit diesem Vorschlag / dieser Bitte vermutlich erfüllen wollte. Bitten Sie das Paar auf dieser Basis der Bedürfnisse gemeinsam eine Lösung zu finden, die für beide passt.

Laden Sie die Teilnehmerinnen zu einem Feedback darüber ein, was sie daraus gelernt haben.

Möglichkeit a – unterschiedliche Bedürfnisse:

Ayse lädt Maria ins Kino ein. Maria sagt: „*Nein*". Sie findet heraus, dass sie ein Bedürfnis nach Ruhe hat und teilt dies Ayse mit. Ayses Bedürfnis, Maria einzuladen, ist Gemeinschaft. Jetzt schauen Ayse und Maria, wie sich ihre unterschiedlichen Bedürfnisse erfüllen können, z. B., indem Maria Ayse zu sich zu einer gemeinsamen Meditation nach Hause einlädt.

Möglichkeit b – unterschiedliche Strategien:

Ayse lädt Maria ins Kino ein. Maria sagt: „*Nein*". Sie findet heraus, dass Sie ein Bedürfnis nach Ruhe und Entspannung hat. Ayses Bedürfnis ist in diesem Fall ebenfalls das nach Entspannung. Jetzt schauen Ayse und Maria, wie sie sich ihr gleiches Bedürfnis mit unterschiedlichen Strategien erfüllen können, z. B., indem Ayse eine andere Freundin ins Kino einlädt und Maria früh schlafen geht.

Ü 046
P

Ü 047
P

47 Was macht Strafe mit einem Kind?

Nach Nada Ignajtovic, Belgrad, gestorben 2011.

Wachstumsmöglichkeit:

· Selbsteinfühlung
· Einfühlung

Anzahl der Übenden: Paar

Dauer: ca. 60 Minuten

Material: Kopiervorlage „Was macht Strafe mit einem Kind". Diese Kopiervorlage finden Sie im kostenlosen Downloadbereich unter: **www.gewaltfrei-uebungen.de**

Beschreibung der Übung:

Teilen Sie das Plenum in Paare auf und teilen Sie jeder Teilnehmerin eine Kopiervorlage aus. Bitten Sie die Teilnehmerinnen, sich an eine Situation aus ihrer Kindheit zu erinnern, in der sie bestraft worden sind (von Eltern, Lehrer, …). Bitten Sie sie, folgende Frage zu beantworten:

· Was genau habe ich getan, dass es dazu kam, dass ich bestraft wurde? (Beobachtung)

Laden Sie die Paare ein, sich darüber auszutauschen. Bitten Sie sie im Anschluss, folgende Fragen zu beantworten:

· Wie habe ich mich **damals** gefühlt?
· Welches Bedürfnis war **damals** nicht erfüllt?
· Was genau habe ich **damals** für mein Leben dadurch gelernt?

Laden Sie die Paare ein, sich darüber auszutauschen.

>>

108

Bitten Sie sie im Anschluss, folgende Fragen zu beantworten:

· Wie hat der Strafende sich vermutlich gefühlt?
· Welches Bedürfnis könnte er sich damit erfüllt haben?
· Was war die erzieherische Absicht, das pädagogische Ziel?
· Wurde dieses Ziel erreicht?

Laden Sie die Paare ein, sich darüber auszutauschen. Bitten Sie die Teilnehmerinnen herauszufinden, was sie damals in dieser Situation wirklich gebraucht hätten. Laden Sie die Teilnehmerinnen zu einem Feedback darüber ein, was sie daraus gelernt haben.

48 Roman-, Film- oder Fernsehfigur

Wachstumsmöglichkeit:

· Selbsteinfühlung
· Einfühlung

Anzahl der Übenden: Einzeln oder Plenum

Dauer: ca. 60 Minuten, abhängig von der Gruppengröße

Beschreibung der Übung:

Bitten Sie die Teilnehmerinnen, sich an eine Roman-, Film- oder Fernsehfigur zu erinnern, mit der sie sich als Kind / Jugendliche / Erwachsene identifiziert haben. Bitten Sie die Teilnehmerinnen zu beschreiben, was sie an dieser Figur besonders fasziniert hat (Beobachtung). Laden Sie die Teilnehmerinnen ein, die erfüllten und unerfüllten Bedürfnisse der Identifikationsfigur zu vermuten und herauszufinden, was das mit der eigenen Situation zu tun hat oder hatte.

Laden Sie die Teilnehmerinnen zu einem Feedback darüber ein, was sie daraus gelernt haben.

49 Bedürfnis-Check

Wachstumsmöglichkeit:

· Selbstreflexion
· Erweiterung des Bedürfniswortschatzes

Anzahl der Übenden: Einzeln oder Plenum

Dauer: ca. 10 Minuten

Material: Bedürfnisliste mit Skala, beispielsweise 1 bis 5. Die Kopiervorlage „Bedürfnis-Check" finden Sie im kostenlosen Downloadbereich unter:
www.gewaltfrei-uebungen.de

Beschreibung der Übung:

Teilen Sie den Teilnehmern eine Bedürfnisliste mit einer Skala aus (siehe Kopiervorlage). Laden Sie die Teilnehmer ein, auf der Skala von 1 bis 5 zu markieren, wie zufriedenstellend sie sich diese Bedürfnisse in einem bestimmten Zeitraum erfüllt haben. Laden Sie Teilnehmer ein, diese Übung in regelmäßigen Abständen durchzuführen. Dadurch können sie Veränderungen erkennen und werden sensibler in Bezug auf ihre Bedürfnisse.

111

Laden Sie die Teilnehmer zu einem Feedback darüber ein, was sie daraus gelernt haben.

Ü 050
PL

50 Kreatives Schreiben zu GFK

Wachstumsmöglichkeit:
· Kreativität
· Selbsteinfühlung

Anzahl der Übenden: Plenum
Dauer: ca. 10 Minuten
Material: Schreibmaterial / Flipchart mit Begriffen aus der Gewaltfreien Kommunikation

Beschreibung der Übung:
Bitten Sie die Teilnehmerinnen, die folgende Anleitung zu befolgen:

Welche Gedanken und Assoziationen tauchen auf, wenn Sie Begriffe aus der Gewaltfreien Kommunikation lesen / hören? Schreiben Sie zu einem dieser Begriffe spontan und ohne zu überlegen in einer Minute ca. 15 Assoziationen / Wörter auf. Wählen Sie davon – wiederum ohne zu überlegen – 5 Wörter aus, die Ihnen am besten gefallen. Erstellen Sie in drei Minuten einen kurzen Text unter Verwendung der 5 Wörter (etwa eine halbe DIN A4-Seite). Bitte halten Sie die Zeit auf jeden Fall ein.

112

Als Leiterin dieser Übung geben Sie nach Ablauf der einzelnen Übungseinheiten ein akustisches Signal zur Orientierung für die Teilnehmerinnen.

Laden Sie die Teilnehmerinnen zu einem Feedback darüber ein, was sie daraus gelernt haben.

Anmerkung:
Diese Schreibübung stammt aus der Methode des „Kreativen Schreibens". Einfach drauflos zu schreiben wird möglicherweise nicht gleich gelingen, denn da ist der innere Zensor schnell zur Stelle mit überflüssigen Kommentaren: *„Ich kann nicht schreiben, was für ein blöder Einfall, was soll das, das hat nichts mit GFK zu tun",* usw. Der Anspruch an sich selbst, es „richtig" zu machen, ist in der Regel sehr groß. Daher ist es leichter, mit Assoziationen zu beginnen und im zweiten Schritt, diese zu erweitern.

51 Mein inneres Team

Wachstumsmöglichkeit:
· Selbsteinfühlung
· Selbstaussöhnung
· Konfliktklärung

Methode: Rollenspiel
Anzahl der Übenden: Einzeln oder Paar oder Plenum
Dauer: ca. 45 Minuten
Material: Papier und Stifte, ggf. Bedürfnis- oder Gefühlskarten. Die Kopiervorlage „Gefühls- und Bedürfniskarten" finden Sie im kostenlosen Downloadbereich unter: **www.gewaltfrei-uebungen.de**

Beschreibung der Übung:
Je nachdem, ob Sie die Übung als Einzel- oder Paarübung durchführen lassen wollen, teilen Sie die Gruppen in Paare ein. Bitten Sie die Teilnehmerinnen, sich an eine Situation mit einem inneren Konflikt zu erinnern, in dem unterschiedliche Stimmen in ihnen aktiv waren. Laden Sie sie ein, ihre inneren Stimmen auf jeweils einen Zettel zu schreiben, z. B. „die Heulsuse", „die Starke", „die Oma", „das Kind", „der Chef", „der Traurige", ...

113

Lassen Sie die Zettel von einer Teilnehmerin im Kreis auslegen. Bitten Sie die Teilnehmerin, sich in die Mitte des Kreises zu stellen und in jede der Stimmen hinein zu spüren. Sobald ein Impuls besteht, sich einer Stimme zuzuwenden, stellt sich die Teilnehmerin auf diesen Zettel und gibt sich in dieser Stimme Einfühlung. Sie als Leiter oder je nach Erfahrung ein anderer Teilnehmer begleiten sie in diesem Prozess.

Wenn diese Stimme „satt" ist, geht die Teilnehmerin wieder in die Mitte. Sie benennt nochmals die Bedürfnisse, die sich ihr über diese Stimme erfüllen und gibt ihr dafür Wertschätzung. Im weiteren Verlauf wendet sie sich der Reihe nach allen anderen Stimmen zu und verfährt entsprechend. Im Anschluss daran verhandeln alle Stimmen eine Lösung zur weiteren Vorgehensweise.

>>

Ü 051
E/P/PL

Laden Sie die Teilnehmerinnen zu einem Feedback darüber ein, was sie daraus gelernt haben.

Variation:

Den Stimmen werden Stellvertreter zugewiesen. Die Teilnehmerin platziert je eine Stellvertreterin auf einem Zettel ihrer inneren Stimmen. Die Teilnehmerin gibt ihren verschiedenen inneren Stimmen Einfühlung. Sie als Leiter oder je nach Erfahrung ein anderer Teilnehmer begleiten sie in diesem Prozess, ggf. als Mediatorin.

114

EÜ Meine eigene Übung

EÜ

Wachstumsmöglichkeit:

Methode:

Anzahl der Übenden:

Dauer:

Material:

115

Beschreibung der Übung:

7

Übungen zur
Vertiefung des Empathievermögens

52 Der 13-Schritte Tanz

Von Bridget Belgrave und Gina Lawrie, England.

Ü 052
E / P / PL

Wachstumsmöglichkeit:
· Selbsteinfühlung
· Einfühlung
· Selbstausdruck
· Konfliktlösung
· Versöhnung
· Begleitung von Bodenankerprozessen

Methode: Bodenanker und Rollenspiel

Anzahl der Übenden: Einzeln oder Paar oder Plenum

Dauer: ca. 45 bis 60 Minuten

Material: Bodenankerkarten – die 13-Schritte inkl. Bewertungskarte. Eine Bestellmöglichkeit zu den Original-Bodenankerkarten nach Bridget Belgrave und Gina Lawrie für den 13-Schritte-Tanz finden Sie unter: **www.life-resources-shop.com**

117

Beschreibung der Übung:

Bei Anfängerinnen empfiehlt es sich, dass Sie als Leiterin den „Tanz" begleiten. Bei Teilnehmerinnen mit Erfahrung in GFK-Prozessen kann eine andere Teilnehmerin den „Tanz" begleiten oder die Teilnehmerin geht alleine durch. Es gibt keinen „richtigen" Einstieg für diesen „Tanz". Bitten Sie einen weiteren Teilnehmer, in die Rolle des Konfliktpartners zu schlüpfen. Es gibt drei Bereiche in dieser Übung:

· **Selbsteinfühlung** geschieht im Alltag im Stillen und wird hier zum Lernen ausgesprochen. Die Intention hierbei ist, mit den eigenen Gefühlen und Bedürfnissen auf einer tieferen Ebene und auch körperlich spürbar in Verbindung zu kommen.
· **Einfühlung** kann ich dann geben, wenn ich mit Selbsteinfühlung „satt" bin und wirklich Verbindung mit dem anderen will.
· **Selbstausdruck** ist der dritte Teil, in dem ich dem anderen mitteile, wie es mir geht und die Verbindung mit ihm festigen / vertiefen will. Ich bitte um Feedback zu dem, was er von mir gehört hat und wie es ihm damit geht.

>>

Ü 052
E / P / PL

Bitten Sie die „Tänzerin", mit dem Selbsteinfühlungsteil bei dem Schritt anzufangen, auf dem ihre Aufmerksamkeit gerade liegt, z. B. „Gefühl" oder „Bewertung". Üblicherweise geht das nicht geradlinig von „Bewertung" bzw. „Beobachtung" bis „Bitte" im Selbsteinfühlungsbereich und von „Beobachtung" bis „Bitte" im Einfühlungs- und Selbstausdrucksbereich, sondern hin und her, weil z. B. auf der Bedürfniskarte oder der Gefühlskarte neue Verurteilungen auftreten können.

Im Einfühlungsbereich vermutet die „Tänzerin" Gefühle, Bedürfnisse und Bitten des Konfliktpartners. Sie stimmt dies jeweils mit dem Konfliktpartner ab. Wenn bei der „Tänzerin" durch Aussagen des Konfliktpartners neue moralische Bewertungen ausgelöst werden, geht sie wieder in den Selbsteinfühlungsbereich, um mit sich in Verbindung zu kommen. Wenn der Konfliktpartner gehört ist, kann die „Tänzerin" in den Selbstausdrucksbereich gehen, in dem sie sich in den vier Schritten ausdrückt und den anderen bittet zu sagen, was er gehört hat und wie er sich damit fühlt. Am Ende steht eventuell eine Handlungsbitte. Es ist üblich, dass sie auch zwischen Einfühlungs- und Selbstausdrucksbereich wechselt, bis beide vollständig gehört wurden.

118

Wir empfehlen auf ein Feedback zu verzichten, wenn eine Person durch einen tiefen Prozess gegangen ist. Das ermöglicht ihr, in dieser Energie zu bleiben. Wenn es Fragen zum Prozess gibt, können Sie die Person bitten, den Raum zu verlassen.

53 Gefühle

Wachstumsmöglichkeit:

· Einfühlung
· Erkennen, dass es für die empathische Verbindung ausreichend ist, Gefühle und Bedürfnisse zu vermuten

Anzahl der Übenden: Paar

Dauer: ca. 15 Minuten

Beschreibung der Übung:

Teilen Sie das Plenum in Paare auf. Bitten Sie die Teilnehmerinnen sich an ein Ereignis zu erinnern. Laden Sie eine der Teilnehmerinnen ein, lediglich ihre Gefühle, die sie bei einem Ereignis hatte, zu beschreiben, ohne die Situation zu erklären. Bitten Sie die Partnerin, empathisch zuzuhören. Diese spiegelt im weiteren Verlauf das Gehörte und die erfüllten bzw. nicht erfüllten Bedürfnisse. Bitten Sie die Teilnehmerinnen im Anschluss, die Rollen zu tauschen.

Laden Sie die Teilnehmerinnen zu einem Feedback darüber ein, was sie daraus gelernt haben.

54 Emphatisches Zuhören

Wachstumsmöglichkeit:

· Einfühlung
· GFK in Alltagssituationen anwenden und sicherer werden

Methode: Rollenspiel
Anzahl der Übenden: Paar
Dauer: ca. 5 bis 7 Minuten pro Person

Beschreibung der Übung:

Teilen Sie das Plenum in Paare auf und bitten Sie sie, der folgenden Anleitung zu folgen:

Maria beschreibt fünf Minuten lang ein trauriges / erfreuliches / bedeutsames Erlebnis. Ayse hört Maria zu. Sie stellt keine Fragen und macht sich keine Notizen. Durch ihre Körperhaltung und Mimik signalisiert sie Maria ihre Präsenz. Im Anschluss gibt Ayse in ca. 3 Minuten wieder, was sie gehört hat. In einem zweiten Schritt vermutet sie, welche Gefühle bei Maria durch das Erlebnis ausgelöst wurden und welche Bedürfnisse erfüllt / nicht erfüllt waren.

Laden Sie die Teilnehmerinnen zu einem Feedback darüber ein, was sie daraus gelernt haben.

Variation:

Teilen Sie das Plenum in Kleingruppen à 3 Personen auf und bitten Sie sie, der folgenden Anleitung zu folgen:

Ayse beschreibt fünf Minuten lang ein trauriges / erfreuliches / bedeutsames Erlebnis. Maria und Hans hören Ayse zu. Sie stellen keine Fragen und machen sich keine Notizen. Durch ihre Körperhaltung und Mimik signalisieren sie Ayse ihre Präsenz. Maria gibt für ca. 3 Minuten das Gehörte wider. Hans vermutet die erfüllten bzw. unerfüllten Bedürfnisse.

>>

Variation:

Teilen Sie das Plenum in Kleingruppen à 3 Personen auf und bitten Sie sie, der folgenden Anleitung zu folgen:

Maria beschreibt fünf Minuten lang ein trauriges / erfreuliches / bedeutsames Erlebnis. Hans und Ben hören Maria zu. Sie stellen keine Fragen und machen sich keine Notizen. Durch ihre Körperhaltung und Mimik signalisieren sie Maria ihre Präsenz. Hans gibt für ca. 3 Minuten das Gehörte wider. Ben gibt Hans ein Zeichen, wenn er beim Wiedergeben des Gehörten moralische Bewertungen, Verurteilungen, ... einfließen lässt.

121

55 Empathie-Café

Wachstumsmöglichkeit:

· Einfühlung
· GFK in Alltagssituationen anwenden und sicherer werden

Methode: Rollenspiel
Anzahl der Übenden: Paar oder Kleingruppe
Dauer: ca. 15 Minuten pro „Caféhaus-Tisch", insgesamt ca. 45 Minuten
Material: Tische, Bodenanker „trennende Sprache". Diese Bodenankerkarten finden Sie im kostenlosen Downloadbereich unter: **www.gewaltfrei-uebungen.de**.

Beschreibung der Übung:

Teilen Sie das Plenum in Paare oder in Kleingruppen à 4-6 Personen auf. Geben Sie ein Thema vor oder bitten Sie die Teilnehmer, sich spontan ein Thema auszudenken, mit dem sie üben möchten, z. B.: aktuelle Themen aus Politik und Gesellschaft. Legen Sie auf jeden Tisch je eine Karte, auf der die Haltung steht, mit der die Teilnehmer ihre bewertende (nicht-empathische) Meinung vertreten, wie z. B. Geschichten erzählen, trösten, … (siehe Kopiervorlage). Bitten Sie die Teilnehmer, einen „Gastgeber" pro Paar/ Kleingruppe zu bestimmen.

Bitten Sie die Teilnehmenden geordnet bzw. der Reihe nach zu sprechen, um es dem Gastgeber so einfach wie möglich zu machen.

Die Übung beginnt, indem der „Gastgeber" einen „Gast" einlädt, sich zu ihm an den Tisch zu setzen. Der „Gast" vertritt seine Meinung zu dem vorgegebenen Thema in der Haltung, wie sie die auf dem Tisch liegende Karte anzeigt, z. B. Geschichten erzählen, trösten, … Der „Gastgeber" versucht so schnell wie möglich, empathisch zu reagieren und dem „Gast" Einfühlung zu geben. Sobald der „Gast" „satt" ist, begibt sich der „Gastgeber" zu einem anderen Tisch. Der zurückbleibende „Gast" wird der neue „Gastgeber". Die Übung beginnt von neuem.

Laden Sie die Teilnehmer zu einem Feedback darüber ein, was sie daraus gelernt haben.

>>

Variation:

Teilen Sie das Plenum in Kleingruppen à 3-4 Personen auf. Je nach Erfahrung der Teilnehmer können Sie auch 2-3 Bodenankerkarten „trennende Sprache" auf einen Tisch legen und die entsprechende Anzahl von „Gästen" einladen. Die „Gäste" argumentieren mit diesen Haltungen zu dem vorgegebenen Thema. Der „Gastgeber" gibt nach und nach allen „Gästen" Einfühlung. Wenn alle „satt" sind, begeben sich „Gastgeber" und bis auf einen alle „Gäste" an einen anderen Tisch mit anderen „trennende Sprache Karten". Einer der „Gäste" bleibt als „Gastgeber" zurück und empfängt neue „Gäste". Die Übung endet, wenn alle an allen Tischen waren oder nach einer abgesprochenen Zeitdauer.

Variation:

Die Gäste werden gebeten absichtlich durcheinander zu sprechen. Der Gastgeber ist dadurch auf weitere Werkzeuge angewiesen. Notruf und Notfallempathie.

123

56 Empathie-Kreis

Nach Katharina Ossko, Wien.

Wachstumsmöglichkeit:

· GFK in Alltagssituationen anwenden und sicherer werden
· Einfühlung

Methode: Rollenspiel

Anzahl der Übenden: Kleingruppe

Dauer: ca. 15 bis 30 Minuten für ein Thema

Material: Bodenanker „trennende Sprache". Diese Bodenankerkarten finden Sie im kostenlosen Downloadbereich unter: **www.gewaltfrei-uebungen.de**

Beschreibung der Übung:

Teilen Sie das Plenum in Kleingruppen à 4-6 Personen auf. Bitten Sie die Teilnehmerinnen, sich auf ein Thema zu einigen, mit dem sie sich beschäftigen wollen, oder geben Sie ein Thema vor, z. B.: aktuelle Themen aus Politik und Gesellschaft. Legen Sie pro Kleingruppe „trennende Sprache Karten" im Kreis aus. Bitten Sie die Teilnehmerinnen, sich jeweils zu einer Karte zu stellen. Bitten Sie eine Teilnehmerin in die Mitte des Kreises.

Die Teilnehmerinnen im Außenkreis konfrontieren die in der Mitte stehende Teilnehmerin mit bewertenden Aussagen entsprechend ihrer Karte. Die Teilnehmerin in der Mitte gibt der bewertenden Teilnehmerin vom Außenkreis Einfühlung. Sobald eine bewertende Teilnehmerin im Außenkreis „satt" ist, wendet sie sich der nächsten zu und gibt ihr Einfühlung, bis sie satt ist. Nach Absprache werden die Teilnehmerinnen im Innenkreis ausgetauscht.

Laden Sie die Teilnehmerinnen zu einem Feedback darüber ein, was sie daraus gelernt haben.

124

57 Kaffeeklatsch (Empathie im Smalltalk)

Wachstumsmöglichkeit:

· GFK in Alltagssituationen anwenden und sicherer werden

· Einfühlung

Methode: Rollenspiel
Anzahl der Übenden: Plenum
Dauer: ca. 30 Minuten, abhängig von der Gruppengröße

Beschreibung der Übung:

Laden Sie die Teilnehmer zu einer Kaffee- und Kuchentafel ein und bitten Sie sie, Platz zu nehmen. Bitten Sie die Teilnehmer, sich zu unterhalten und von ihren Krankheiten, Urlaub, Familien und den Themen, die sie bewegen, zu erzählen. Beginnen Sie selbst nach kurzer Zeit damit, einem der Teilnehmer Einfühlung zu geben. Sobald dieser Teilnehmer empathisch „satt" ist, bitten Sie ihn seinerseits, einem anderen Teilnehmer Einfühlung zu geben. Die Übung endet, wenn alle Einfühlung bekommen haben und „satt" sind oder nach einer zuvor festgelegten Zeit.

125

Laden Sie die Teilnehmer zu einem Feedback darüber ein, was sie daraus gelernt haben.

Ü 058
PL

58 Gefühlsechte Liedtexte

Wachstumsmöglichkeit:

· Einfühlung

Anzahl der Übenden: Plenum
Dauer: ca. 30 Minuten
Material: Lieder mit Texten, Flipchart, selbstklebende Zettel, Abspielgerät

Beschreibung der Übung:

Wählen Sie einen Liedtext aus, mit dem Sie arbeiten möchten. Schreiben Sie den Liedtext für alle ersichtlich auf einen Flipchart oder teilen Sie den Text den Teilnehmern aus. Spielen Sie das Lied strophenweise ab. Laden Sie die Teilnehmer ein, die erfüllten / nicht erfüllten Bedürfnisse des Interpreten/Autors/Komponisten zu vermuten. Notieren Sie die Gefühle und Bedürfnisse auf selbstklebenden Zetteln und bringen Sie diese an der entsprechenden Liedzeile auf dem Flipchart an.

126

Laden Sie die Teilnehmer ein, im Anschluss das Lied nochmals im Ganzen anzuhören. Bitten Sie die Teilnehmer, durch die aufgeschriebenen Gefühle/Bedürfnisse dem Ergebnis nachzuspüren.

Laden Sie die Teilnehmer zu einem Feedback darüber ein, was sie daraus gelernt haben.

59 Gewaltfreies Unterbrechen

Wachstumsmöglichkeit:

· Verantwortung übernehmen
· Selbsteinfühlung
· Einfühlung
· konkrete, machbare Bitten formulieren
· GFK in Alltagssituationen anwenden und sicherer werden

Methode: Rollenspiel
Anzahl der Übenden: Paar
Dauer: ca. 45 Minuten
Material: Bodenanker zu den vier Schritten. Eine Bestellmöglichkeit zu den Original-Bodenankerkarten nach Bridget Belgrave und Gina Lawrie für diesen Selbsteinfühlungstanz finden Sie unter: **www.life-resources-shop.com**

Beschreibung der Übung:

Teilen Sie das Plenum in Paare auf. Bitten Sie pro Paar einen der Teilnehmer, sich eine Person vorzustellen, bei dem es ihm schwer fällt, diese zu unterbrechen: z. B. Mutter, Tante, Oma, Kollege, Chef. Bitten Sie den anderen Teilnehmer, in die Rolle dieser Person zu schlüpfen. Hans übernimmt zum Beispiel die Rolle dieser Person und beginnt zu reden und zu reden. Ben versucht zu unterbrechen, indem er sich gemäß den vier Schritten („Beobachtung", „Gefühl", „unerfülltes Bedürfnis", „Bitte") oder in der Alltagssprache ausdrückt: *„Ich würde Dir gerne zuhören (Bedürfnis) und ich kann mich nicht mehr konzentrieren. Ich möchte Dir sagen, was ich von Dir gehört habe."*

Laden Sie die Teilnehmer zu einem Feedback darüber ein, was sie daraus gelernt haben.

127

>>

Ü 059
P

Variation:

Laden Sie Teilnehmer, denen es schwerfällt gewaltfrei zu unterbrechen, zu dieser Vorübung ein. Sprechen Sie mit den Teilnehmern ab, dass derjenige, der Unterbrechen üben möchte, ein Signal gibt, wenn er nicht mehr zuhören kann. Der Redende „friert ein", während der andere sich Selbsteinfühlung gibt.

Bitten Sie Ben, der gewaltfrei unterbrechen möchte, auf seine eigenen Bewertungen, Gefühle, Bedürfnisse, zu achten, während Hans in seiner Rolle redet und redet. Auf sein Signal hin, dass er nicht mehr zuhören kann, friert Hans ein. Wenn Ben „satt" ist, gibt er ein Signal und Hans spricht weiter. Dann stoppt Ben ihn wieder. Ben fühlt sich wiederum in sich ein. Dies wird so lange wiederholt, bis er es schafft, Hans zu unterbrechen, indem er sich in den vier Schritten mitteilt.

128

60 Hören mit 4 Ohren in der GFK

Ü 060
P / PL

Wachstumsmöglichkeit:

· Selbsteinfühlung
· Einfühlung
· GFK in Alltagssituationen anwenden und sicherer werden

Methode: Bodenanker und Rollenspiel
Anzahl der Übenden: Paar oder Plenum
Dauer: ca. 20 Minuten
Material: Bodenankerkarten mit den „4 Ohren der GFK". Die Bodenankerkarten „4 Ohren in der GFK" finden Sie im kostenlosen Downloadbereich unter: **www.gewaltfrei-uebungen.de**.

Beschreibung der Übung:

Diese Übung ist nicht zu verwechseln mit dem 4 Ohren Modell von Schulz von Thun.

Die 4 Ohren in der GFK sind:

129

A: Ich höre moralische Urteile und
   1) beschuldige den anderen und / oder
   2) ich verurteile mich selbst.
B: Ich verbinde mich mit den Bedürfnissen
   3) als Selbsteinfühlung
   4) und / oder als Einfühlung in den anderen.

Legen Sie die Bodenankerkarten zu den 4 Ohren aus. Teilen Sie das Plenum in Paare auf. Laden Sie die Teilnehmer ein, sich Aussagen zu überlegen, mit denen sie anhand der 4 Ohren üben möchten, Aussagen empathisch zu hören.

>>

Ü 060
P/PL

Eine Aussage wie „*Immer kommst Du zu spät!*" kann z. B. folgendermaßen mit den 4 Ohren gehört werden:

A1) Kemal beschuldigt Hans:

„*Immer kommst Du zu spät!*"

A1) Hans beschuldigt Kemal:

„*Du musst gerade was sagen, Du bist doch auch immer zu spät!*"

A2) Kemal beschuldigt sich selbst:

„*Ja, auf mich ist wirklich kein Verlass, ich kann einfach nicht pünktlich sein!*"

B3) Kemal gibt sich Selbsteinfühlung:

„*Ich bin traurig, frustriert, weil es mir wichtig ist, pünktlich zu sein.*" (Integrität)

B4) Kemal gibt Hans Einfühlung:

„*Bist Du frustriert, weil Du gewartet hast und Deine Zeit gerne sinnvoll genutzt hättest?*"

130

Laden Sie die Teilnehmer zu einem Feedback darüber ein, was sie daraus gelernt haben.

61 Geliebter Feind

Ü 061
E + PL

Wachstumsmöglichkeit:

· Selbsteinfühlung
· Einfühlung
· Wertschätzung für den „Feind" entwickeln
· den Menschen im „Feind" erkennen

Methode: Rollenspiel möglich
Anzahl der Übenden: Einzeln und Plenum
Dauer: ca. 60 Minuten
Material: Kopiervorlage „Geliebter Feind". Diese Kopiervorlage finden Sie im kostenlosen Downloadbereich unter: **www.gewaltfrei-uebungen.de**

Beschreibung der Übung:

Bitten Sie jede Teilnehmerin, sich in einen ungeliebten Menschen („Feind") einzufühlen. Ein „Feind" kann ein Kollege, Chef, Nachbar, Familienmitglied, ... sein. Hierbei kann der Fokus auf einer Handlung, einer immer wiederkehrenden Aussage oder auch einer Geste liegen, die diesen Menschen für die Teilnehmerin so unsympathisch macht.

131

Teilen Sie die Kopiervorlage aus und bitten Sie die Teilnehmerin im ersten Schritt, mithilfe der Kopiervorlage sich in sich selbst einzufühlen. Bitten Sie die Teilnehmerin im zweiten Schritt, sich mithilfe der Kopiervorlage in ihren „Feind" einzufühlen. Laden Sie die Teilnehmerin im dritten Schritt ein, dem „geliebten Feind" Wertschätzung dafür zu geben, dass er sich ein Bedürfnis durch diese Strategie erfüllt.

Im Anschluss können einige der Teilnehmerinnen ihre „Feind"-Wertschätzung in einem Rollenspiel mit den anderen Kursteilnehmerinnen teilen. Laden Sie die Teilnehmerinnen zu einem Feedback darüber ein, was sie daraus gelernt haben.

Ü 062
P

62 Stille Einfühlung

Wachstumsmöglichkeit:

· Einfühlung
· Erkennen, dass es für die empathische Verbindung ausreichend ist, Gefühle und Bedürfnisse zu vermuten

Anzahl der Übenden: Paar
Dauer: ca. 15 Minuten

Beschreibung der Übung:

Teilen Sie das Plenum in Paare auf. Bitten Sie die Teilnehmerinnen darum, in dieser Übung nicht zu sprechen. Bitten Sie jeweils eine der Teilnehmerinnen, sich ein Erlebnis vorzustellen. Lassen Sie die Übungspartner sich gegenseitig anschauen. Während Petra sich ihr Erlebnis vorstellt, versucht Ayse für sich, die Gefühle und Bedürfnisse von Petra zu vermuten. Die Gefühle werden nicht explizit mimisch dargestellt.

132

Im Anschluss an diese Übung teilt Ayse ihre Vermutung Petra gegenüber mit. Petra kann die Vermutung bestätigen oder mitteilen, wie sie sich wirklich fühlte und welche Bedürfnisse erfüllt/nicht erfüllt waren. Bitten Sie die Teilnehmerinnen, die Rollen zu tauschen und die Übung erneut durchzuführen.

Laden Sie die Teilnehmerinnen zu einem Feedback darüber ein, was sie daraus gelernt haben.

63 Gesichter lesen

Wachstumsmöglichkeit:

· Einfühlung
· Erweiterung des Gefühlswortschatzes

Methode: szenische Darstellung
Anzahl der Übenden: Plenum
Dauer: ca. 15 Minuten
Material: Gefühlskarten. Die Kopiervorlage „Gefühlskarten" finden Sie im kostenlosen
Downloadbereich unter: **www.gewaltfrei-uebungen.de**.

Beschreibung der Übung:

Teilen Sie jeder Teilnehmerin eine Gefühlskarte aus. Bitten Sie die Teilnehmerinnen,
das auf der Karte stehende Gefühl mimisch darzustellen. Laden Sie die anderen Teilnehmerinnen ein, das Gefühl zu erraten. Bitten Sie weitere Teilnehmerinnen, das Gefühl
auf der Karte pantomimisch darzustellen und die anderen, das Gefühl zu erraten. Die
Übung endet nach einer abgesprochenen Zeitspanne oder wenn alle Teilnehmerinnen
ihr Gefühl dargestellt haben.

Laden Sie die Teilnehmerinnen zu einem Feedback darüber ein, was sie daraus gelernt
haben.

133

64 Provokative Sätze

Wachstumsmöglichkeit:

· Einfühlung
· GFK in Alltagssituationen anwenden und sicherer werden

Methode: Rollenspiel ist möglich
Anzahl der Übenden: Paar oder Plenum
Dauer: ca. 30 Minuten
Material: Provokative Sätze auf Zetteln. Die Kopiervorlage „Provokative Sätze" finden Sie im kostenlosen Downloadbereich unter: **www.gewaltfrei-uebungen.de**.

Beschreibung der Übung:

Verteilen Sie an jede Teilnehmerin einen oder mehrere Zettel, auf dem eine Aussage steht, die üblicherweise als provokativ empfunden wird. Die Aussagen können aus verschiedenen Bereichen sein, z. B. beruflich, familiär, Freundeskreis. Bitten Sie eine der Teilnehmerinnen, ihren Satz laut vorzulesen. Laden Sie die anderen Teilnehmerinnen ein, ihr so lange Einfühlung zu geben, bis sie „satt" ist. Fahren Sie in der Runde fort. Die Übung endet nach einer abgesprochenen Zeitspanne oder dann, wenn alle Teilnehmerinnen „satt" geworden sind.

Laden Sie die Teilnehmerinnen zu einem Feedback darüber ein, was sie daraus gelernt haben.

Variation:

Bitten Sie eine Teilnehmerin, den Satz vorzulesen und sich selbst Einfühlung zu geben. Fahren Sie in der Runde fort. Die Übung endet nach einer abgesprochenen Zeitspanne oder dann, wenn alle Teilnehmerinnen „satt" geworden sind.

65 Meine Triggersätze

Wachstumsmöglichkeit:

· Selbsteinfühlung

· Einfühlung

· GFK in Alltagssituationen anwenden und sicherer werden

Methode: Rollenspiel

Anzahl der Übenden: Paar

Dauer: ca. 30 Minuten

Material: Bodenanker – die vier Schritte inkl. Bewertungskarte. Eine Bestellmöglichkeit zu den Original-Bodenankerkarten nach Bridget Belgrave und Gina Lawrie zur Selbsteinfühlung finden Sie unter: **www.life-resources-shop.com**

Beschreibung der Übung:

Teilen Sie das Plenum in Paare auf. Bitten Sie die Teilnehmerinnen, sich einen Triggersatz zu überlegen, der sie immer wieder aus der Ruhe bringt. Fahren Sie in der Übung folgendermaßen fort:

135

Ayse sagt zu Maria ihren Triggersatz, z. B.: *„Immer musst Du bestimmen!"* Maria gibt sich selbst Einfühlung. Bitten Sie im Anschluss die Teilnehmerinnen, die Rollen zu tauschen.

Laden Sie die Teilnehmerinnen zu einem Feedback darüber ein, was sie daraus gelernt haben.

Variation:

Wenn Maria „satt" ist, gibt sie Ayse Einfühlung.

Ü 066
E / PL

66 Stillschweigende Übereinkunft in Gruppen

Wachstumsmöglichkeit:

· Selbsteinfühlung

· Einfühlung

· Abgrenzung von Strategie und Bedürfnis

Anzahl der Übenden: Einzeln oder Plenum

Dauer: ca. 60 Minuten

Material: Stifte und Papier

Beschreibung der Übung:

Bitten Sie die Teilnehmer im ersten Schritt, sich ein Gefühl zu überlegen und aufzuschreiben, welches in der entsprechenden Gruppe nicht gelebt wird. Laden Sie die Teilnehmer ein die Bedürfnisse zu vermuten, die dadurch in der Gruppe erfüllt / nicht erfüllt werden. Im zweiten Schritt bitten Sie die Teilnehmer, ihre eigenen erfüllten und nicht erfüllten Bedürfnisse aufzuschreiben und ihre Strategien zu notieren, wenn sie ein „unerlaubtes" Gefühl spüren und es umgehen wollen.

Laden Sie die Teilnehmer zu einem Feedback darüber ein, was sie daraus gelernt haben.

Vertiefung:

Laden Sie die Teilnehmer jetzt ein, die Strategien zu benennen, die die anderen Gruppenmitglieder nutzen, um das „unerlaubte" Gefühl zu umgehen.

Laden Sie die Teilnehmer zu einem Feedback darüber ein, was sie daraus gelernt haben

Weitere Vertiefung:

Bitten Sie jetzt die Teilnehmer, sich selbst Wertschätzung dafür zu geben, dass sie Wege gefunden haben, sich die Zugehörigkeit zu erfüllen.

Weitere Vertiefung:

Laden Sie die Teilnehmer ein, auch den anderen Gruppenmitgliedern Wertschätzung zu geben, dass auch sie Wege gefunden haben, sich die Zugehörigkeit zu erfüllen.

67 Konfliktbeschreibung mit Bedürfnissen

Ü 067
P

Wachstumsmöglichkeit:

· Einfühlung
· Erweiterung des Bedürfniswortschatzes

Anzahl der Übenden: Paar

Dauer: ca. 20 bis 30 Minuten

Material: Stifte und Papier

Beschreibung der Übung:

Teilen Sie das Plenum in Paare auf. Bitten Sie die Teilnehmer, sich an einen Konflikt zu erinnern und folgendermaßen vorzugehen:

Hans erzählt Ben von seinem Konflikt. Ben vermutet Hans erfüllte / unerfüllte Bedürfnisse in dieser Situation. Er schreibt die erfüllten Bedürfnisse auf ein Blatt Papier und die unerfüllten auf ein anderes Blatt.

Die Paare überprüfen gemeinsam, ob diese Vermutung stimmt. Im Anschluss wechseln die Teilnehmer ihre Rollen.

137

Laden Sie die Teilnehmer zu einem Feedback darüber ein, was sie daraus gelernt haben.

Ü 068
PL

68 Empathie-Karussell

Wachstumsmöglichkeit:
· Einfühlung
· GFK in Alltagssituationen anwenden und sicherer werden

Methode: Rollenspiel
Anzahl der Übenden: Plenum
Dauer: ca. 30 Minuten
Material: Provokante Aussagen auf Zetteln. Die Kopiervorlage „Provokative Sätze" finden Sie im kostenlosen Downloadbereich unter: **www.gewaltfrei-uebungen.de**

Beschreibung der Übung:

Teilen Sie das Plenum in zwei gleich große Gruppen auf. Bitten Sie die eine Hälfte der Teilnehmerinnen, sich in einen Kreis zu setzen, mit dem Gesicht nach außen. Bitten Sie die andere Hälfte, sich je einer dieser Teilnehmerinnen gegenüber zu setzen.

138

Teilen Sie den Teilnehmerinnen des Innenkreises Karten mit provokanten Sätzen aus, die sie ihrer Partnerin im Außenkreis gegenüber aussprechen. Bitten Sie die Teilnehmerinnen im Außenkreis einfühlend auf diesen Satz zu reagieren. Wenn alle Teilnehmerinnen Empathie erhalten haben, bitten Sie die im Außenkreis befindlichen Teilnehmerinnen, einen Stuhl weiter nach rechts zu rutschen. Lassen Sie die Teilnehmerinnen so lange üben, bis alle im Innenkreis von allen im Außenkreis Einfühlung erhalten haben oder Sie beenden die Übung nach einer abgesprochenen Zeitspanne. Dann bitten Sie die Teilnehmerinnen, den Kreis zu wechseln und teilen Sie neue provokante Aussagen aus. Beginnen Sie die Übung erneut.

Laden Sie die Teilnehmerinnen zu einem Feedback darüber ein, was sie daraus gelernt haben.

Variation für Fortgeschrittene:

Geben Sie den Teilnehmerinnen nur begrenzt Zeit zur Verfügung, um sich in ihre Übungspartnerin einzufühlen.

69 Die vier Werkzeuge

Ü 069
P

Wachstumsmöglichkeit:

· Selbsteinfühlung
· Einfühlung
· Notfallempathie
· Notruf
· gewaltfreies Unterbrechen
· GFK in Alltagssituationen anwenden und sicherer werden

Methode: Bodenanker
Anzahl der Übenden: Paar
Dauer: insgesamt ca. 60 Minuten, pro Runde ca. 6 Minuten
Material: Bodenanker: „Selbsteinfühlung", „Notfallempathie", „Notruf" und „gewalt-freies Unterbrechen". Die Bodenankerkarten „Selbsteinfühlung", „Notfallempathie", „Notruf" und „gewaltfreies Unterbrechen" finden Sie im kostenlosen Downloadbereich unter: **www.gewaltfrei-uebungen.de**

139

Beschreibung der Übung:

Diese Übung wird in vier Runden durchgeführt. Jede Runde endet nach einer vorher festgelegten Zeitspanne.

Eröffnen Sie in der **ersten Runde** das „Selbsteinfühlungscafé":
Bitten Sie einen Teilnehmer, sich als „Gastgeber" zu einem Bodenanker „Selbsteinfüh-lung" zu stellen. Laden Sie einen Teilnehmer ein, in die Rolle eines „Gastes" zu schlüpfen und eine Provokation zu äußern, z. B.: *„GFK ist etwas für „Weicheier!"* Der „Gastgeber" gibt sich selbst Einfühlung, bis er „satt" ist oder eine erste Entspannung spürt. Dann bittet er den „Gast" um eine weitere Provokation, um sich erneut Einfühlung zu geben. Dies wird so lange wiederholt, bis die Zeit um ist. Der „Gastgeber" und der „Gast" wech-seln die Rollen.

>>

Ü 069
P

In der **zweiten Runde** lädt der „Gastgeber" zur „Notfallempathie" ein:
Der „Gastgeber" hört wiederum eine Provokation und gibt dieses Mal dem „Gast" Einfühlung, so lange, bis dieser eine erste Entspannung spürt. Wenn die Zeit um ist, tauschen die beiden wieder ihre Rollen.

Die **dritte Runde** ist die „Notrufrunde":
Der „Gastgeber" hört eine provokante Aussage und teilt sich seinem „Gast" mit, z. B.: *"Stopp, ich bin gerade verwirrt!"* und benennt sein Bedürfnis. Der „Notruf" endet mit einer Verbindungsbitte an die Gegenseite, z. B.: „*Kannst Du mir sagen, wie es Dir damit geht?"* oder „*Was hast Du von mir gehört?" "Wie ist das für Dich...?"* Auch hier wird nach der vereinbarten Zeit getauscht und der „Gastgeber" wird zum „Gast".

Die **vierte Runde** dient zur Übung des „Gewaltfreien Unterbrechens":
Der „Gastgeber" empfängt seinen „Gast", der ununterbrochen redet. Der „Gastgeber" hat die Aufgabe, seinen „Gast" gewaltfrei zu unterbrechen. Auch in dieser Runde wird so lange gewaltfrei unterbrochen, bis die Zeit um ist. Dann wechseln auch hier die Rollen.

140

Laden Sie die Teilnehmer zu einem Feedback darüber ein, was sie daraus gelernt haben.

Variation:
Legen Sie alle vier Karten mit den vier Werkzeugen auf den Boden und die Teilnehmer entscheiden selbst, mit welchem Werkzeug sie üben wollen.

Variation:
Bitten Sie die Teilnehmer, an den vier verschiedenen Stationen mit derselben Provokation zu arbeiten.

EÜ Meine eigene Übung   EÜ

Wachstumsmöglichkeit:

Methode:

Anzahl der Übenden:

Dauer:

Material:

141

Beschreibung der Übung:

8

Übungen zur Selbstliebe

70 Was macht mich glücklich?

Wachstumsmöglichkeit:

· Selbsteinfühlung
· Abgrenzung von Strategie und Bedürfnis

Anzahl der Übenden: Einzeln oder Paar

Dauer: ca. 20 bis 45 Minuten, abhängig von der Gruppengröße

Beschreibung der Übung:

Laden Sie die Teilnehmerinnen ein, Strategien / Wege zu sammeln, mit denen sie sich glücklich fühlen. Bitten Sie sie im nächsten Schritt die Bedürfnisse herauszufinden, die sie sich auf diese Weise erfüllen.

Laden Sie die Teilnehmerinnen zu einem Feedback darüber ein, was sie daraus gelernt haben.

Variation:

Wenn Sie diese Übung als Partnerübung anbieten, bitten Sie die Teilnehmerinnen, sich in Paaren zusammenzufinden. Laden Sie sie ein, Strategien / Wege zu sammeln, mit denen sie sich glücklich fühlen. Bitten Sie sie im nächsten Schritt die Bedürfnisse gegenseitig zu vermuten, die sie sich auf diese Weise erfüllen. Die Teilnehmerinnen tauschen sich im weiteren Verlauf darüber aus, ob die Übungspartnerin die Bedürfnisse übereinstimmend vermutet hat.

143

71 Was mag ich an mir? (Radikale Selbstakzeptanz)

Wachstumsmöglichkeit:

· Selbsteinfühlung
· Selbstakzeptanz
· Selbstreflexion

Anzahl der Übenden: Einzeln oder Paar oder Kleingruppe
Dauer: ca. 10 Minuten
Material: Kopiervorlage „Radikale Selbstakzeptanz". Diese Kopiervorlage finden Sie im kostenlosen Downloadbereich unter: **www.gewaltfrei-uebungen.de**

Beschreibung der Übung:

Je nachdem, ob Sie die Übung als Einzel-, Paar- oder Kleingruppenübung durchführen lassen wollen, teilen Sie die Gruppen entsprechend ein. Jeder Teilnehmer schreibt die Eigenschaften / Körperteile auf, die er an sich mag, und notiert dazu die Bedürfnisse, die sich ihm dadurch erfüllen.

144

Sofern Sie diese Übung in Paaren oder Kleingruppen durchführen, laden Sie die Teilnehmer zu einem Feedback darüber ein, was sie daraus gelernt haben. Bitten Sie die anderen Teilnehmer, die Aussagen der Übenden nicht zu kommentieren.

Variation:

In einer weiteren radikalen Form dieser Übung laden Sie die Teilnehmer ein, das Folgende täglich für sich zu üben.

Benennen Sie laut die Körperteile, die Sie gerne an sich mögen. In einer Erweiterung zu dieser Übung stellen Sie sich nackt vor einen Spiegel und benennen Sie laut und berühren dabei die Körperteile, die Sie gerne an sich mögen und schön finden.

>>

Variation:

Nächste Stufe: Führen Sie diese Übung auch mit den Körperteilen durch, die Sie nicht an sich mögen. Überlegen Sie dabei, welche Bedürfnisse diese Körperteile Ihnen erfüllen. Versuchen Sie im Laufe des Übens diese auch wertzuschätzen. Sie können sich auch vorstellen wie Ihr Leben wäre, wenn Sie diese Körperteile nicht hätten.

Variation:

Stellen Sie sich morgens vor den Spiegel und singen Sie sich z. B. die folgenden Lieder vor:

How could anyone ever tell you
you were anything less than beautiful
how could anyone ever tell you
you were less than whole?
How could anyone fail to notice
that your loving is a miracle?
How deeply you're connected to my soul.

(Words and music by Libby Roderick © 1988. From the recordings „If You See a Dream" and „How Could Anyone")

145

Habe ich Dir heute schon gesagt, dass ich Dich liebe
Aber halt! Da fällt mir etwas ein:
Hab' ich dir heute schon gesagt
dass ich dich liebe?
Hab' ich dich heute schon gefragt
wie es dir geht?
Jeder Tag wird ein Tag erst durch die Liebe allein

(Chris Roberts)

72 Ich liebe meine „Problemzonen"

Wachstumsmöglichkeit:

· Selbsteinfühlung
· Selbstakzeptanz

Anzahl der Übenden: Einzeln
Dauer: ca. 10 Minuten
Material: Schreibutensilien, Kopiervorlage „Ich liebe meine Problemzonen". Diese Kopiervorlage finden Sie im kostenlosen Downloadbereich unter:

www.gewaltfrei-uebungen.de

Beschreibung der Übung:

Teilen Sie die Kopiervorlage aus und bitten Sie die Teilnehmer aufzuschreiben, was ihnen nicht an sich selbst gefällt.

Beispiel:

„Ich finde meine Haare zu dünn!", oder *„Mein Bauch ist zu dick"*. Bitten Sie sie alles aufzuschreiben, was ihnen auf- bzw. einfällt und sich dann die Liste selbst laut vorzulesen. Bitten Sie die Teilnehmer, die folgenden Fragen für sich zu beantworten:

· Wie fühlt es sich an, von Ihnen selbst zu hören, dass Sie Ihre Haare zu dünn finden? (Gestehen Sie sich Ihre eigenen Bewertungen ein?)
· Welche Bedürfnisse sind durch die Selbstbewertung erfüllt / nicht erfüllt?

Schreiben Sie sich mindestens 10 Strategien auf, wie Sie sich die erfüllten / unerfüllten Bedürfnisse gleichzeitig erfüllen können.

Laden Sie die Teilnehmer zu einem Feedback darüber ein, was sie daraus gelernt haben.

73 Anerkennen, was ich heute schon getan habe

Ü 073
E

Wachstumsmöglichkeit:

· Selbsteinfühlung
· Selbstanerkennung
· Selbstwertschätzung

Anzahl der Übenden: Einzeln

Dauer: ca. 15 Minuten

Material: Kopiervorlage „Tagesablauf". Diese Kopiervorlage finden Sie im kostenlosen Downloadbereich unter: **www.gewaltfrei-uebungen.de**

Beschreibung der Übung:

Laden Sie die Teilnehmerinnen ein, sich zu erinnern, was sie heute schon alles erledigt haben. Bitten Sie sie, diese Tätigkeiten auf der Kopiervorlage zu notieren. Bitten Sie sie in einem weiteren Schritt, diese Liste mit den dadurch erfüllten Bedürfnissen zu ergänzen. Bitten Sie sie, sich eine Wertschätzung dafür auszusprechen.

147

Laden Sie sie abschließend zu einer Feedbackrunde darüber ein, wie es ihnen jetzt geht, da sie sehen, wie viele ihrer Bedürfnisse sie sich heute schon erfüllt haben.

74 Mich bei meinen Körperteilen oder Organen für ihr Dasein bedanken

In Anlehnung an Louise L. Hay: Liebe Deinen Körper – Positive Affirmationen für einen gesunden Körper.

Wachstumsmöglichkeit:
· Selbsteinfühlung
· Selbstwertschätzung

Anzahl der Übenden: Einzeln
Dauer: ca. 15 Minuten

Beschreibung der Übung:
Laden Sie die Teilnehmer ein, sich bei einzelnen Körperteilen oder Organen ihres Körpers zu bedanken, indem sie diese direkt ansprechen.

Beispiel:
„Ich danke Dir, mein Herz, dass Du so kräftig und ruhig schlägst. Du pumpst fortlaufend frisches Blut durch meinen Kreislauf. Du gibst mir Kraft und Sicherheit. Danke, liebes Herz, dass Du da bist." Die Teilnehmer können gemäß der Body-Scan Methode (nach Jon Kabbat Zin) ihren ganzen Körper nach und nach ansprechen und sich bei ihm bedanken. Bitten Sie die Teilnehmer, die Bedürfnisse zu benennen, die sich ihnen durch die Funktion ihrer Organe erfüllen. Laden Sie die Teilnehmer ein nachzuspüren, ob sich körperlich etwas verändert, wenn sie ihrem Körper auf diese Weise danken.

Laden Sie die Teilnehmer zu einem Feedback darüber ein, was sie daraus gelernt haben.

75 Radikale Selbstliebe 1

Ü 075
E

Wachstumsmöglichkeit:

· Selbsteinfühlung
· in wertschätzender Haltung sein

Anzahl der Übenden: Einzeln
Dauer: ca. 15 Minuten
Material: Kopiervorlage „Radikale Selbstliebe". Diese Kopiervorlage finden Sie im kostenlosen Downloadbereich unter: **www.gewaltfrei-uebungen.de**

Beschreibung der Übung:

Bitten Sie die Teilnehmer, Antworten auf die folgenden Fragen aufzuschreiben:

· Für welche Handlung empfinden Sie Schuldgefühle?
· Welches Bedürfnis erfüllten bzw. versuchten Sie sich mit dieser Handlung zu erfüllen?

Laden Sie die Teilnehmer ein, sich dafür Wertschätzung zu geben, dass sie einen / diesen Weg gefunden haben, sich diese Bedürfnisse zu erfüllen. Verändert sich etwas auf der körperlichen Ebene, wenn sie sich diese Wertschätzung geben?

149

Laden Sie die Teilnehmer zu einem Feedback darüber ein, was sie daraus gelernt haben.

Vertiefung:

Laden Sie die Teilnehmer ein, ihr erfülltes Bedürfnis über eine bestimmte Körperhaltung zu verankern.

Variation:

Laden Sie die Teilnehmer ein, sich in Kleingruppen gegenseitig ihre Wertschätzung vorzulesen. Die anderen Gruppenmitglieder geben jeweils diese Wertschätzung nacheinander wieder, sodass jedes Gruppenmitglied die Wertschätzung mehrmals hört.

Ü 076
E / KG

76 Radikale Selbstliebe 2

Wachstumsmöglichkeit:

· Selbsteinfühlung
· Selbstwertschätzung

Anzahl der Übenden: Einzeln oder Kleingruppe
Dauer: ca. 15 Minuten

Beschreibung der Übung:

Bitten Sie die Teilnehmer, Antworten auf eine der beiden folgenden Fragen aufzuschreiben:

· Für welche Eigenschaft schämen Sie sich?
· Welches Bedürfnis erfüllen bzw. versuchen Sie sich mit diesen Eigenschaften zu erfüllen?

Laden Sie die Teilnehmer ein, sich dafür Wertschätzung zu geben, dass sie einen / diesen Weg gefunden haben, sich diese Bedürfnisse zu erfüllen. Verändert sich etwas auf der körperlichen Ebene, wenn sie sich diese Wertschätzung geben?

Laden Sie die Teilnehmer zu einem Feedback darüber ein, was sie daraus gelernt haben.

Vertiefung:

Laden Sie die Teilnehmer ein, ihr Bedürfnis über eine bestimmte Körperhaltung auszudrücken, um die Veränderung zu verankern.

Variation:

Laden Sie die Teilnehmer ein, sich in Kleingruppen gegenseitig ihre Wertschätzung vorzulesen. Die anderen Gruppenmitglieder geben jeweils diese Wertschätzung nacheinander wieder, sodass jedes Gruppenmitglied die Wertschätzung mehrmals hört.

150

EÜ Meine eigene Übung

Wachstumsmöglichkeit:

Methode:

Anzahl der Übenden:

Dauer:

Material:

151

Beschreibung der Übung:

9

Übungen zur inneren Haltung

77 Keine Wahl haben

Ü 077
KG

Wachstumsmöglichkeit:

· Einfühlung
· Erweiterung des Handlungsspielraums
· Verantwortung für sich übernehmen

Anzahl der Übenden: Kleingruppe
Dauer: ca. 30 bis 50 Minuten, pro Person ca. 10 Minuten zur Klärung der Bedürfnisse

Beschreibung der Übung:

Teilen Sie das Plenum in Kleingruppen à 3 Personen auf. Bitten Sie einen Teilnehmer eine Situation zu beschreiben, von der er glaubt, er habe keine Wahl: z.B. Steuern zahlen, an einer roten Ampel anhalten, etc. Bitten Sie einen zweiten Teilnehmer, über empathisches Zuhören seine nicht erfüllten Bedürfnisse zu erkennen. Der dritte Teilnehmer unterstützt ihn, seine erfüllten Bedürfnisse zu benennen.

Laden Sie die Teilnehmer zu einem Feedback darüber ein, was sie daraus gelernt haben.

153

78 Vorbereitung auf ein schwieriges Gespräch

Von Frank und Gundi Gaschler, Hohenlinden.

Wachstumsmöglichkeit:

· Selbsteinfühlung
· Einfühlung
· Auswirkung der inneren Haltung auf ein Gespräch

Methode: Rollenspiel
Anzahl der Übenden: Paar
Dauer: ca. 60 Minuten
Material: Zettel oder Karten, Schreibutensilien

Beschreibung der Übung:

Bitten Sie die Teilnehmerinnen, sich in Paaren zusammenzufinden. Die Übung besteht aus einer kurzen Vorbereitung und vier Gesprächsrunden. Jede Gesprächsrunde dauert maximal drei Minuten. Es kommt nicht darauf an, eine Lösung zu finden, sondern die Auswirkungen der unterschiedlichen Settings zu erkennen.

Bitten Sie eine Teilnehmerin des Paares sich an eine Konfliktsituation zu erinnern. Die andere Teilnehmerin bitten Sie, in die Rolle des Konfliktpartners zu schlüpfen.

Vorbereitung der Übung für die Teilnehmerinnen anhand eines Beispiels:

Petra sitzt ihrem Konfliktpartner Hans gegenüber und beschreibt ihre Konfliktsituation. Sie schreibt jeweils ein Urteil, das sie über Hans hat, auf eine Karte und legt diese offen auf den Boden zwischen sich und ihn. Hans schreibt seine Urteile ebenfalls auf und legt sie offen hinter sich.

Im Anschluss an jede Runde findet eine Reflexion statt, in der überprüft wird, ob sich Urteile über den anderen aufgelöst haben. Wenn dies der Fall ist, dreht jeder seine Karten mit den aufgelösten Urteilen um, als Zeichen dafür, dass diese nicht mehr existent sind. Wenn neue (vielleicht positive) hinzugekommen sind, schreiben beide diese ebenfalls auf und legen sie offen auf den Boden.

>>

Erste Runde:

Petra beginnt ein Gespräch mit Hans über den Konflikt. Hans kann antworten, sodass sich ein Gespräch ergibt. Reflexion siehe oben.

Zweite Runde:

Petra schließt die Augen und denkt an eine Situation, in der es ihr richtig gut ging und sie sich glücklich fühlte. Sie geht erneut in ein Gespräch mit Hans. Reflexion siehe oben.

Dritte Runde:

Petra schaut Hans an und vermutet in Stille, welche Bedürfnisse er haben könnte und sieht dadurch den Menschen in ihm. Sie bespricht die Konfliktsituation erneut. Reflexion siehe oben.

Vierte Runde:

Petra erinnert sich an eine Situation, in der Hans etwas getan hat, was ihr Leben bereichert und ihr Freude gemacht hat. Sie bespricht die Konfliktsituation erneut. Reflexion siehe oben.

155

Im Anschluss erfolgt ein Austausch zwischen den Paaren oder im Plenum über die unterschiedliche Wirkung der verschiedenen Runden. Welche war einfacher? Welche war schwieriger? Wie haben sie sich jeweils gefühlt?

Danach können die beiden die Rollen wechseln, Hans kann sich auf das Gespräch mit dem Konfliktpartner vorbereiten und Petra nimmt die Rolle des Konfliktpartners ein.

Laden Sie die Teilnehmerinnen zu einem Feedback darüber ein, was sie daraus gelernt haben.

Ü 079
E

79 Schattenarbeit

Wachstumsmöglichkeit:

· Selbsteinfühlung
· Einfühlung
· in wertschätzender Haltung sein
· Erweiterung des Handlungsspielraums

Anzahl der Übenden: Einzeln
Dauer: ca. 60 Minuten
Material: Kopiervorlage „Schattenarbeit". Diese Kopiervorlage finden Sie im kostenlosen Downloadbereich unter: **www.gewaltfrei-uebungen.de**

Beschreibung der Übung:

Laden Sie die Teilnehmer ein, an eine Situation zu denken, in der sie einen anderen Menschen „unmöglich" fanden. Bitten Sie die Teilnehmer, folgende Anleitung zu befolgen:

Schreiben Sie alle Gedanken auf, die Ihnen durch den Kopf gingen, auch Ihre bewertenden Gedanken.

· Finden Sie heraus, wie Sie sich dabei fühlten.
· Finden Sie heraus, welches Bedürfnis in dieser Situation nicht erfüllt war.
· Feiern Sie, dass dieser Mensch Sie an all diese wunderbaren Bedürfnisse erinnert hat.
· Überlegen Sie, welche Gefühle und Bedürfnisse diese Person vermutlich hatte, als sie sich so verhalten hat.
· Überlegen Sie, ob Sie ähnliche Bedürfnisse haben und Sie sich nicht erlauben, diese zu leben. Welche?
· Bedauern Sie, dass Sie diese Bedürfnisse bisher so nicht gelebt haben.
· Finden Sie neue Strategien, diese Bedürfnisse mehr leben zu können.

Laden Sie die Teilnehmer zu einem Feedback darüber ein, was sie daraus gelernt haben.

80 Okay sein oder Mensch sein

In Anlehnung an die Transaktionsanalyse von Erik Berne.

Ü 080
P

Wachstumsmöglichkeit:

· Abgrenzung von moralisch bewertender Haltung und GFK-Haltung
· Selbsteinfühlung
· Einfühlung

Anzahl der Übenden: Paar

Dauer: ca. 20 Minuten

Material: Bodenanker mit unten stehenden Aussagen. Die Bodenankerkarten „Okay sein" finden Sie im kostenlosen Downloadbereich unter: **www.gewaltfrei-uebungen.de**

Beschreibung der Übung:

Diese Übung wird in Stille ausgeführt. Bitten Sie die Teilnehmer, sich in Paaren zusammenzufinden. Bitten Sie sie, sich gegenüber zu stellen und schweigend für einige Zeit die Haltung (innerlich und körperlich) der unten genannten Aussagen einzunehmen, die Sie vorgeben. Laden Sie die Teilnehmer ein zu spüren, wie sich das Gefühl und die Körperhaltung jeweils verändern.

A: *„Ich bin richtig (ok), du bist falsch (nicht ok)."*

A: *„Ich bin falsch (nicht ok), du bist richtig (ok)."*

A: *„Ich bin falsch (nicht ok), du bist falsch(nicht ok)."*

A: *„Ich bin ein Mensch mit Bedürfnissen, du bist ein Mensch mit denselben Bedürfnissen."*

B kann dem zustimmen in Stille und über seine Körperhaltung ausdrücken.
   Beide spüren, wie es sich anfühlt.

B kann dem widersprechen in Stille und über seine Körperhaltung ausdrücken.
   Beide spüren, wie es sich anfühlt.

Laden Sie die Teilnehmer zu einem Feedback darüber ein, was sie daraus gelernt haben.

Variation:

B fragt **A**: *„Welches Bedürfnis erfüllst Du Dir damit, wenn Du das denkst?"*

157

Ü 081
E + PL

81 Mein Ziel erreichen

Wachstumsmöglichkeit:

· Glaubenssätze transformieren
· Erweiterung des Handlungsspielraums

Anzahl der Übenden: Einzeln und Plenum
Dauer: ca. 30 Minuten
Material: DIN A4 Papier, Stifte

Beschreibung der Übung:

Laden Sie die Teilnehmerinnen ein, sich ein Ziel zu überlegen, das sie gerne erreichen möchten. Bitten Sie die Teilnehmerinnen, folgende Anleitung zu befolgen:

Schreiben Sie Ihr Ziel als Überschrift auf ein Blatt. Teilen Sie das Blatt in zwei Spalten. Über eine der Spalten schreiben Sie: „Warum ich es nicht erreichen kann". Über die andere Spalte schreiben Sie: „Wie ich es erreichen kann". Streichen Sie die Spalte „Warum ich es nicht erreichen kann" mit einem dicken X durch. Diese Spalte bleibt, abgesehen von dem X, leer.

158

Der Fokus bei dieser Übung liegt darin, Strategien zu überlegen, wie Sie Ihr Ziel erreichen können. Diese schreiben Sie in die Spalte mit der Überschrift „Wie ich es erreichen kann", zusammen mit dem, was Sie dazu brauchen. Sie können alle Strategien aufschreiben, die Ihnen einfallen, ohne diese zu bewerten. Bitten Sie die Teilnehmerinnen im Plenum, weitere Strategien zu nennen, wie sie dieses Ziel erreichen möchten.

Im Anschluss erfolgt ein Feedback im Plenum.

EÜ Meine eigene Übung   EÜ

Wachstumsmöglichkeit:

Methode:

Anzahl der Übenden:

Dauer:

Material:

159

Beschreibung der Übung:

10

Übungen zum achtsamen
Umgang mit Sprache

82 Verantwortung übernehmen für „müssen" und „sollen"

Ü 082
PL

Wachstumsmöglichkeit:

· achtsamer Umgang mit Sprache

Anzahl der Übenden: Plenum

Dauer: ca. 15 Minuten

Material: Kopiervorlage „Muss-Sätze". Diese Kopiervorlage finden Sie im kostenlosen Downloadbereich unter: **www.gewaltfrei-uebungen.de**

Beschreibung der Übung:

Lesen Sie dem Plenum „Muss"-Sätze vor. Bitten Sie die Teilnehmerinnen, die Verben „müssen" und „sollen" in *Ich will..., Ich entscheide mich..., Ich übernehme Verantwortung für..."* umzuwandeln. Nachdem die Teilnehmerinnen die Sätze umgewandelt haben, laden Sie sie ein zu spüren, ob sich etwas verändert hat.

Beispiele:

„Schade, dass Du morgen schon zurückfahren musst." *„Schade, dass Du morgen schon zurückfahren möchtest."*

„Ich muss das sofort in Sicherheit bringen." *„Ich will das sofort in Sicherheit bringen."*

Laden Sie die Teilnehmerinnen zu einem Feedback darüber ein, was sie daraus gelernt haben.

161

Ü 083
P

83 Pseudogefühle transformieren

Wachstumsmöglichkeit:

· Erkennen von Pseudogefühlen
· Verantwortung für sich übernehmen
· achtsamer Umgang mit Sprache

Methode: Rollenspiel
Anzahl der Übenden: Paar
Dauer: ca. 15 Minuten
Material: Karten mit Pseudogefühlen. Die Kopiervorlage „Pseudogefühlskarten" finden Sie im kostenlosen Downloadbereich unter: **www.gewaltfrei-uebungen.de**

Beschreibung der Übung:

Pseudogefühle sind verdeckte Du-Botschaften. Sie weisen dem anderen eine Verantwortung für mein Gefühl zu.

Bitten Sie die Teilnehmer, sich in Paaren zusammenzufinden. Halten Sie die vorbereiteten Karten mit Pseudogefühlen bereit und verteilen Sie sie an die Teilnehmer.

Bitten Sie einen der Teilnehmer, eine Pseudogefühlsaussage zu machen. Der Partner übersetzt das Pseudogefühl in Gefühle und Bedürfnisse und gibt seinem Gegenüber Einfühlung. Bitten Sie die Teilnehmer, die Rollen zu tauschen und die Übung erneut durchzuführen.

Ein Beispiel:

Ben macht Hans gegenüber eine Aussage mit einem Pseudogefühl, z. B.: *„Ich fühle mich beleidigt!"* Hans gibt ihm Einfühlung und übersetzt das Pseudogefühl in Gefühle und Bedürfnisse, z. B.: *„Bist Du traurig, weil Du Wertschätzung brauchst?"*
Hans fragt Ben, ob es das ist, was er sagen wollte. Wenn dieser zustimmt, wechseln die beiden die Rollen.

Laden Sie die Teilnehmer zu einem Feedback darüber ein, was sie daraus gelernt haben.

162

84 Du-Botschaften transformieren

Wachstumsmöglichkeit:

· Einfühlung
· Verantwortung für sich übernehmen
· Erkennen von Du-Botschaften
· achtsamer Umgang mit Sprache

Methode: Rollenspiel
Anzahl der Übenden: Paar
Dauer: ca. 15 Minuten
Material: Karten mit Du-Botschaften. Die Kopiervorlage „Du-Botschaften" finden Sie im kostenlosen Downloadbereich unter: **www.gewaltfrei-uebungen.de**

Beschreibung der Übung:

Bitten Sie die Teilnehmerinnen, sich in Paaren zusammenzufinden. Halten Sie die vorbereiteten Karten mit Du-Botschaften bereit und verteilen Sie sie an die Teilnehmerinnen. Bitten Sie eine der Teilnehmerinnen, eine Du-Botschaft an ihre Partnerin zu senden. Laden Sie die Partnerin ein, mit Einfühlung auf die Du-Botschaft zu reagieren. Im Anschluss bitten Sie die Teilnehmerin, die die Du-Botschaft gesendet hat, ihre Gefühle und Bedürfnisse in einer Ich-Botschaft auszudrücken. Bitten Sie die Paare, die Rollen zu tauschen und die Übung erneut durchzuführen.

Laden Sie die Teilnehmerinnen zu einem Feedback im Plenum darüber ein, was sie daraus gelernt haben.

Ein Beispiel:

Maria formuliert ihre Du-Botschaft an Kemal: „*Du beleidigst mich!*"
Kemal reagiert mit Einfühlung: „*Das klingt, als seist Du echt wütend und frustriert. Möchtest Du mit Deinem Beitrag gesehen werden?*"
Maria: „*Ja, ich bin total frustriert, weil ich so viel gemacht habe und ich den Eindruck habe, dass alles umsonst war.*"

>>

Ü 084
P

Kemal: *„Geht es darum, dass Du so viel gemacht hast und sicher sein möchtest, dass es einen Sinn hatte?"*

Maria: *„Ja, genau."*

Was Maria sagen könnte, wenn sie Verantwortung für ihre Gefühle übernimmt: *„Ich bin wütend und frustriert, weil ich so viel Energie hineingesteckt habe und Wertschätzung brauche.* "Wenn Maria „satt" ist und (in einer Ich-Botschaft) ihre Gefühle und Bedürfnisse mitgeteilt hat, wechseln die beiden die Rollen.

Laden Sie die Teilnehmerinnen zu einem Feedback darüber ein, was sie daraus gelernt haben.

EÜ Meine eigene Übung

Wachstumsmöglichkeit:

Methode:

Anzahl der Übenden:

Dauer:

Material:

165

Beschreibung der Übung:

11

Übungen zur Wertschätzung

85 Wertschätzung geben und nehmen

Ü 085
PL

Wachstumsmöglichkeit:

· in wertschätzender Haltung sein

Anzahl der Übenden: Plenum
Dauer: ca. 45 Minuten, abhängig von der Gruppengröße
Material: selbstklebende Zettel

Beschreibung der Übung:

Bitten Sie die Teilnehmer, sich gegenseitig Zettel auf den Rücken zu kleben, auf denen sie mithilfe der 4 Schritte beschreiben, was sie an diesem Menschen schätzen. Lassen Sie die Teilnehmer am Ende der Übung die Zettel abnehmen. Bitten Sie den Empfangenden, die Wertschätzung anzunehmen, indem er ausdrückt, wie er sich fühlt und welches Bedürfnis erfüllt ist.

Laden Sie die Teilnehmer zu einem Feedback darüber ein, was sie daraus gelernt haben.

Hinweis:

167

Diese Übung birgt die Gefahr, dass ein oder mehr Teilnehmer keine Wertschätzung erhalten.

Variation:

Losen Sie die Namen aller Teilnehmer aus, sodass jeder ein Los mit dem Namen eines Teilnehmers erhält.

Ü 086
P

86 Wertschätzung, die ich mir für etwas wünsche

Wachstumsmöglichkeit:

· Selbsteinfühlung
· Wertschätzung geben
· Wertschätzung annehmen

Methode: Rollenspiel
Anzahl der Übenden: Paar
Dauer: ca. 20 Minuten
Material: Kopiervorlage „Wertschätzung". Diese Kopiervorlage finden Sie im kostenlosen Downloadbereich unter: **www.gewaltfrei-uebungen.de**

Beschreibung der Übung:

Bitten Sie die Teilnehmer, sich in Paaren zusammenzufinden. Laden Sie die Teilnehmer ein, folgende Anleitung zu befolgen:

168

Beschreiben Sie mithilfe der Kopiervorlage schriftlich eine Wertschätzung, die Sie gerne bekommen hätten, aber nicht bekommen haben. Bitten Sie Ihren Übungspartner, Ihnen diese jetzt auszudrücken. Nehmen Sie die Wertschätzung an, indem Sie Ihr Gefühl und erfülltes Bedürfnis mitteilen. Bitten Sie anschließend die Teilnehmer, die Rollen zu tauschen und die Übung erneut durchzuführen.

Laden Sie die Teilnehmer zu einem Feedback darüber ein, was sie daraus gelernt haben.

87 Wertschätzung für Menschen, zu denen es keinen Kontakt mehr gibt

Wachstumsmöglichkeit:

· Einfühlung

· Selbsteinfühlung

· Wertschätzung geben

Methode: Rollenspiel

Anzahl der Übenden: Einzeln oder Paar

Dauer: ca. 20 Minuten

Material: Kopiervorlage „Wertschätzung". Diese Kopiervorlage finden Sie im kostenlosen Downloadbereich unter: **www.gewaltfrei-uebungen.de**

Beschreibung der Übung:

Bitten Sie die Teilnehmer, sich an eine Person zu erinnern, die nicht mehr in ihrem Leben ist. Laden Sie sie ein, dieser Person eine Wertschätzung zu geben, die Sie gerne ausgedrückt hätten, es aber nicht getan haben. Bitten Sie die Teilnehmer, ihre Wertschätzung mithilfe der Kopiervorlage schriftlich auszudrücken.

169

Laden Sie die Teilnehmer zu einem Feedback darüber ein, was sie daraus gelernt haben

Variation:

Ein Übungspartner nimmt die Rolle der Person ein, der die Wertschätzung ausgedrückt wird.

88 Wertschätzung für Personen, die wir nicht persönlich kennen

Wachstumsmöglichkeit:

· Einfühlung
· Selbsteinfühlung
· Wertschätzung geben

Methode: Rollenspiel
Anzahl der Übenden: Einzeln oder Paar
Dauer: ca. 20 Minuten
Material: Kopiervorlage „Wertschätzung". Diese Kopiervorlage finden Sie im kostenlosen Downloadbereich unter: **www.gewaltfrei-uebungen.de**

Beschreibung der Übung:

Bitten Sie die Teilnehmer, sich eine Person vorzustellen, die sie schätzen und die ihren Wertvorstellungen entsprechend lebt. Laden Sie sie ein, dieser Person ihre Wertschätzung mithilfe der Kopiervorlage schriftlich auszudrücken.

170

Laden Sie die Teilnehmer zu einem Feedback darüber ein, was sie daraus gelernt haben.

Variation:

Ein Übungspartner nimmt die Rolle der Person ein, der die Wertschätzung ausgedrückt wird.

89 Wertschätzung, die ich mir schon immer von einer bestimmten Person gewünscht habe

Ü 089
P

Wachstumsmöglichkeit:
· Selbsteinfühlung
· Wertschätzung annehmen

Methode: Rollenspiel
Anzahl der Übenden: Paar
Dauer: ca. 20 Minuten
Material: Kopiervorlage „Wertschätzung". Diese Kopiervorlage finden Sie im kostenlosen Downloadbereich unter: **www.gewaltfrei-uebungen.de**

Beschreibung der Übung:

Bitten Sie die Teilnehmer, sich in Paaren zusammenzufinden. Laden Sie sie ein, sich an eine Person zu erinnern, von der sie sich schon immer Wertschätzung gewünscht haben.

Beispiel:

Petra schildert ihrem Übungspartner Ben die Situation, für die sie so gerne Wertschätzung bekommen hätte. Ben schlüpft in die Rolle dieser Person und drückt Petra die Wertschätzung aus. Bitten Sie anschließend die Teilnehmer, die Rollen zu tauschen und die Übung erneut durchzuführen.

Im Anschluss erfolgt ein Feedback im Plenum.

171

Ü 090
E/P

90 Selbst-Wertschätzung

Wachstumsmöglichkeit:

· Selbsteinfühlung
· Selbstwertschätzung

Anzahl der Übenden: Einzeln oder Paar
Dauer: ca. 10 Minuten
Material: Kopiervorlage „Selbst-Wertschätzung". Diese Kopiervorlage finden Sie im kostenlosen Downloadbereich unter: **www.gewaltfrei-uebungen.de**

Beschreibung der Übung:

Bitten Sie die Teilnehmer, sich selbst Wertschätzung zu geben für eine ihrer Handlungen, über die sie sich freuen. Laden Sie sie ein, ihre Beobachtung, ihr Gefühl und ihr dadurch erfülltes Bedürfnis aufzuschreiben. Bitten Sie die Teilnehmer, der Wertschätzung und den angenehmen Gefühlen Raum zu geben.

Laden Sie die Teilnehmer zu einem Feedback darüber ein, was sie daraus gelernt haben.

172

91 Wenn jemand Wertschätzung nicht annimmt

Wachstumsmöglichkeit:

· Selbsteinfühlung

· Einfühlung

· Wertschätzung geben

· Wertschätzung annehmen

Methode: Rollenspiel

Anzahl der Übenden: Paar

Dauer: ca. 45 Minuten

Material: Kopiervorlage „Wertschätzung". Die Kopiervorlage „Wertschätzung" finden Sie im kostenlosen Downloadbereich unter: **www.gewaltfrei-uebungen.de**

Beschreibung der Übung:

Bitten Sie die Teilnehmer, sich in Paaren zusammenzufinden. Laden Sie je einen der beiden Teilnehmer ein, sich eine Person vorzustellen, der sie gerne Wertschätzung ausdrücken möchten und die sie nicht annimmt. Bitten Sie den jeweiligen Partner, die Rolle desjenigen einzunehmen, der die Wertschätzung empfängt.

Beispiel:

Maria drückt ihre Wertschätzung einer Person gegenüber aus. Hans nimmt in der entsprechenden Rolle die Wertschätzung nicht an. Er kann z. B. sagen: *„Das ist doch selbstverständlich!"*, *„Das ist doch nicht nötig!"*, o.ä.. Möglicherweise benötigt Maria selbst Einfühlung dafür, dass ihre Wertschätzung nicht angenommen wurde. Im nächsten Schritt gibt Maria Hans in seiner Rolle Einfühlung.

Laden Sie die Teilnehmer zu einem Feedback darüber ein, was sie daraus gelernt haben.

Variation:

Bitten Sie die Teilnehmer, sich in Kleingruppen à 3 Personen zusammenzufinden. Ben als Dritter gibt Maria die Einfühlung, die sie braucht, um Hans Einfühlung zu geben, damit dieser die Wertschätzung annimmt.

92 Das hast Du aber schön gemacht

Wachstumsmöglichkeit:

· Abgrenzung Lob von Wertschätzung

· Wertschätzung geben

· Wertschätzung annehmen

· Wirkung von moralischer Bewertung spüren

Anzahl der Übenden: Paar oder Plenum
Dauer: ca. 20 Minuten plus 15 Minuten Reflexion in der Gruppe
Material: Stifte, Papier, Farben oder Bastelmaterial nach eigenem Ermessen, Kopiervorlage „Wertschätzung". Diese Kopiervorlage finden Sie im kostenlosen Downloadbereich unter: **www.gewaltfrei-uebungen.de**

Beschreibung der Übung:

Bitten Sie die Teilnehmerinnen, etwas mit den von Ihnen mitgebrachten Materialien zu malen oder zu basteln, z. B. ein Haus, eine Brücke, eine Blume. Sie als Leiterin bewerten die Bilder / Werke nach Schönheit. Laden Sie die Teilnehmerinnen ein nachzuspüren, wie sie sich nach dieser Bewertung fühlen. Tauschen sie sich im Plenum darüber aus. Bitten Sie die Teilnehmerinnen im weiteren Verlauf, sich gegenseitig Wertschätzung für die Bilder / Werke zu geben.

Im Anschluss erfolgt ein Feedback im Plenum über die Auswirkung von Bewertungen bzw. Wertschätzung.

174

EÜ Meine eigene Übung

Wachstumsmöglichkeit:

Methode:

Anzahl der Übenden:

Dauer:

Material:

175

Beschreibung der Übung:

12

Übungen zur Versöhnung

93 Du kannst mich hören

Ü 093
E / P

Wachstumsmöglichkeit:

· Selbsteinfühlung
· Einfühlung
· Selbstausdruck
· Versöhnung

Methode: Rollenspiel ist möglich
Anzahl der Übenden: Einzeln oder Paar
Dauer: ca. 30 bis 45 Minuten

Beschreibung der Übung:

Bitten Sie die Teilnehmerinnen sich zu überlegen, von wem sie gehört werden möchten und wen sie hören möchten. Möglicherweise handelt es sich dabei um eine Person, von der sie glauben, niemals gehört werden zu können, z. B. die verstorbene Oma. Im Folgenden spielen wir das Beispiel mit der verstorbenen Oma durch.

177

1. Die Teilnehmerin Petra schließt ihre Augen, um sich zu entspannen, und stellt sich diejenige Person vor (verstorbene Oma), von der sie gehört werden möchte.
2. Petra beschreibt im Stillen in den vier Schritten eine Situation, die sie mit ihrer Oma erlebt hat.
3. Petra fragt in ihrer Vorstellung ihre Oma, was sie gehört hat.
4. Die Oma lässt Petra wissen, was bei ihr angekommen ist.
5. Petra bedankt sich dafür und kann etwas hinzufügen, wenn noch etwas fehlt.
6. Wenn Petra „satt" ist, entlässt sie ihre Oma aus ihren Gedanken mit der Affirmation:
   „Ich danke Dir, dass Du mich gehört hast. Ich fühle mich warm, ruhig, ... Ich liebe Dich."

Laden Sie die Teilnehmerinnen zu einem Feedback darüber ein, was sie daraus gelernt haben.

>>

Ü 093

E / P

Variation:

Bitten Sie die Teilnehmerinnen, sich in Paaren zusammenzufinden. Bitten Sie die eine Partnerin, die Rolle der entsprechenden Person einzunehmen. Führen Sie die Paare durch die Übung, wie oben beschrieben. Ab Punkt 3 erfolgt die Übung als Rollenspiel. Es findet keine weitere Reflexion der Übung statt. Bitten Sie die Teilnehmerinnen, diese Übung auf sich wirken zu lassen und nicht weiter mit den anderen Teilnehmerinnen darüber zu sprechen.

Diese Übung bietet sich als letzte Übung vor einer Pause an.

178

94 Rollenspiel zum Gruppenkonflikt mit einer Person

Wachstumsmöglichkeit:

· Selbsteinfühlung
· Einfühlung
· Versöhnung

Methode: Rollenspiel
Anzahl der Übenden: Plenum
Dauer: ca. 90 Minuten

Beschreibung der Übung:

Diese Übung kann als Rollenspiel durchgeführt werden, bietet sich aber auch an als Methode zur Aussöhnung in einem Konflikt in der Realität. In einer realen Situation benötigen die einzelnen Gruppenmitglieder erfahrungsgemäß vor dieser Arbeit Einfühlung, um dem anderen Einfühlung geben zu können.

Bitten Sie die Gruppe, sich in einen Kreis zu setzen. Laden Sie die Person ein, die den Konflikt mit einzelnen Gruppenmitgliedern hat, sich in die Mitte zu setzen. Bitten Sie diese Person, ihre Beobachtung des Konflikts, ihre Gefühle und die nicht erfüllten Bedürfnisse mitzuteilen. Laden Sie die Gruppenmitglieder ein, ihr nach und nach Einfühlung zu geben, bis sie ausreichend gehört wurde und „satt" ist.

95 Außenseiter integrieren

In Anlehnung an: Oboth / Seils, Mediation in Gruppen und Teams.

Wachstumsmöglichkeit:
· Selbsteinfühlung
· Einfühlung
· Versöhnung

Methode: Rollenspiel
Anzahl der Übenden: Plenum
Dauer: ca. 90 Minuten

Beschreibung der Übung:

180

Diese Übung kann als Rollenspiel durchgeführt werden, bietet sich aber auch an als Methode zur Aussöhnung in einem Konflikt in der Realität. Es kann sich für diese Übung um eine Schulklasse, eine Abteilung oder eine Familie handeln. Bitten Sie einen Freiwilligen, die Rolle eines Außenseiters zu übernehmen und laden Sie die Gruppe ein, sich in einen Kreis zu setzen. Bitten Sie den Außenseiter, sich auf einen Stuhl außerhalb des Sitzkreises zu setzen. Laden Sie ihn und die Gruppenmitglieder ein zu spüren, wie sich diese Situation anfühlt. Bitten Sie den Außenseiter und eine Person aus der Gruppe, ihre Plätze zu tauschen. Laden Sie wiederum alle ein zu spüren, wie sie sich nach dem Platztausch fühlen.

Dies kann wiederholt werden, bis alle Gruppenmitglieder auf dem Außenseiterstuhl gesessen haben. Im Anschluss erfolgt ein Austausch darüber, wie sich die Personen auf den jeweiligen Positionen gefühlt haben (Selbsteinfühlung). Bitten Sie die Gruppenmitglieder und den Außenseiter, sich gegenseitig Einfühlung für ihre Situation zu geben.

Möglicherweise stellt sich heraus, dass der Außenseiter überwiegend mit einem bestimmten Gruppenmitglied in einen Konflikt verwickelt ist. Bitten Sie die beiden, sich in den Kreis zu setzen und sich gegenseitig Einfühlung zu geben, ggf. mit Unterstützung eines Mediators / Gruppenmitgliedes.

Im Anschluss erfolgt ein Feedback im Plenum.

96 Wertschätzung statt Strafe/Liebe statt Hiebe (Neuausrichtung der inneren Haltung, Babemba Style)

Wachstumsmöglichkeit:
· Einfühlung
· Versöhnung
· Verantwortung für sich übernehmen

Methode: Rollenspiel
Anzahl der Übenden: Plenum
Dauer: ca. 45 Minuten, abhängig von der Gruppengröße

Beschreibung der Übung:
Diese Übung kann als Rollenspiel durchgeführt werden, bietet sich aber auch an als Methode zur Aussöhnung in einem Konflikt in der Realität. Laden Sie die Teilnehmerinnen in einen Sitzkreis ein. Eine Teilnehmerin bringt einen Konflikt ein, eine weitere übernimmt die Rolle der Konfliktpartnerin. Laden Sie die Kreismitglieder ein, der Konfliktpartnerin Wertschätzung zu geben für das, was sie zur Gemeinschaft beigetragen hat. Wenn alle ihre Wertschätzung ausgedrückt haben, ist die Übung beendet. Laden Sie die Teilnehmerinnen zu einem Feedback über ihre Gefühle und erfüllten/unerfüllten Bedürfnisse ein.

Diese Übung ist angelehnt an die folgende Geschichte von Jack Kornfield (Übersetzung durch die Autorinnen):
Wenn beim Babemba Stamm im südlichen Afrika ein Mitglied etwas getan hat, das unverantwortlich oder ungerecht war, wird diese Person in die Mitte des Dorfes gesetzt, allein und ohne Schutz. Die Arbeit des gesamten Dorfes wird niedergelegt und alle Bewohner des Dorfes versammeln sich um den Beschuldigten herum in einem großen Kreis. Dann beginnen die Stammesmitglieder, nacheinander zu dem Beschuldigten zu sprechen, indem sie seine guten Taten benennen, die er in seinem Leben vollbracht hat.

>>

Ü 096
PL

Alles, an was sie sich erinnern, kann im Detail und mit Genauigkeit zur Sprache kommen. Alle seine positiven Eigenschaften, gute Taten, Stärken und Freundlichkeiten werden sorgsam benannt. Diese Zeremonie kann oft einige Tage andauern. Am Ende wird ein fröhliches Fest gefeiert, mit der diese Person symbolisch und auch im wörtlichen Sinne im Stamm wieder willkommen geheißen wird.

Jack Kornfield, *The Art of Forgiveness, Lovingkindness, and Peace* Bantam Verlag, 2008.

182

97 Paar – Aussöhnung

Nach Somé, Sobonfu: 2000, The Spirit of Intimacy, William Morrow Paperbacks.

Wachstumsmöglichkeit:
· Selbsteinfühlung
· Verantwortung für sich übernehmen

Methode: Rollenspiel
Anzahl der Übenden: Paar
Dauer: ca. 20 Minuten

Beschreibung der Übung:

Diese Übung kann als Rollenspiel durchgeführt werden, bietet sich aber auch an als Methode zur Aussöhnung in einem Konflikt in der Realität. Bitten Sie die Teilnehmer, sich in Paaren zusammenzufinden. Laden Sie die Teilnehmer ein, sich auf einen Konflikt zu einigen, den einer der Teilnehmer hat. Der andere nimmt die Rolle des Konfliktpartners ein. Dann bitten Sie die Teilnehmer, sich Rücken an Rücken zu setzen.

Laden Sie die Paare ein, gleichzeitig über ihre Sicht des Konfliktes zu sprechen. Nach einer zuvor festgelegten Zeit oder wenn beide sich ausreichend ausgedrückt haben, endet dieses Rollenspiel.

Laden Sie die Teilnehmer zu einem Feedback darüber ein, was sie daraus gelernt haben.

98 Ho'opono pono

In Anlehnung an ein Hawaiianisches Versöhnungsritual, nach Nicole Leipert-Knaup, Lorsch.

Wachstumsmöglichkeit:
· Selbsteinfühlung
· Einfühlung
· Selbstaussöhnung

Anzahl der Übenden: Kleingruppe
Dauer: ca. 45 Minuten
Material: „Ho'opono pono plus GFK" kann hilfreich sein. Diese Kopiervorlage finden Sie im kostenlosen Downloadbereich unter: **www.gewaltfrei-uebungen.de**

Beschreibung der Übung:

Die Hawaiianer haben folgende Grundannahmen:
1. Alle und alles ist miteinander verbunden.
2. Wir kreieren unsere Welt selbst

Das heißt in der Sprache der GFK:
1. Ich möchte für meine Bedürfnisse sorgen und gleichzeitig die Bedürfnisse der anderen im Blick haben (Interdependenz = gegenseitige Abhängigkeit).
2. Wir tun immer das Beste, das wir können, um unsere Bedürfnisse zu erfüllen.

Teilen Sie das Plenum in Kleingruppen à 4-6 Personen auf. Laden Sie eine Teilnehmerin pro Kleingruppe ein, eine Situation, die sie bearbeiten möchte, zu beschreiben. Bitten Sie eine andere Teilnehmerin zu beginnen und für alle hörbar die folgenden 7 Schritte durchzugehen. Im Anschluss durchlaufen alle Teilnehmerinnen der Kleingruppe diese 7 Schritte für die Situation der Teilnehmerin. Die Übung endet, wenn die Teilnehmerin, für die der Prozess erfolgte, diese 7 Schritte als Letzte ebenfalls gegangen ist.

1. Einfühlung/Selbsteinfühlung
„Wenn ich die betreffende Person wäre, hätte ich folgende Gefühle und Bedürfnisse..."
Beispiel: *„Ich habe eine Erkältung und brauche Ruhe und Erholung."*

>>

184

Ü 098
KG

2. Sinn / Humor

„Ich hätte mir die Situation kreiert, weil…"

Beispiel: *„Ich habe mir diese Erkältung kreiert, damit ich Ruhe und Erholung bekomme."*

3. Ich übernehme die Verantwortung dafür / Akzeptanz

„Ich stimme dem zu und akzeptiere, dass ich in jedem Moment das Beste tue, was ich kann…"

Beispiel: *„Das Beste, was ich zur Zeit tun konnte, war, eine Erkältung zu bekommen."*

4. Ich bedaure, dass es gerade so ist

„Ich bin traurig (bedaure), weil ich mir folgende Bedürfnisse nicht erfülle…"

Beispiel: *„Ich bin traurig, weil mein Bedürfnis nach Leichtigkeit und Wachstum nicht erfüllt ist."*

5. Loslassen / Vertrauen

„Ich vertraue, dass es einen Sinn macht…"

185

Beispiel: *„Ich vertraue, dass es einen Sinn macht, dass ich jetzt eine Erkältung habe."*

6. Wertschätzung / Dankbarkeit

„Ich sehe, dass ich mir auch Bedürfnisse nach … erfüllt habe…"

Beispiel: *„Ich sehe, dass mir die Erkältung auch Bedürfnisse erfüllt, nämlich das nach Ruhe und Erholung."*

7. Liebe

„Ich verbinde mich mit diesem Teil in mir und nehme ihn ganz ins Herz…"

„Ich liebe mich / diesen Teil von mir…"

Beispiel: *Ich verbinde mich mit diesem Teil in mir, der mir Ruhe und Erholung ermöglicht, und nehme ihn ganz ins Herz…"*

„Ich liebe mich dafür, dass ich mir die Erkältung kreiert habe und mir auf diese Weise Ruhe und Erholung ermögliche."

Laden Sie die Teilnehmerinnen zu einem Feedback darüber ein, was sie daraus gelernt haben.

EÜ

EÜ Meine eigene Übung

Wachstumsmöglichkeit:

Methode:

Anzahl der Übenden:

Dauer:

Material:

186

Beschreibung der Übung:

13

Übungen zu Geld

Ü 099
E / PL

99 Geld ist eine Strategie, kein Bedürfnis

Kathleen MacFerran, Bainbridge Island, Washington, USA.

Wachstumsmöglichkeit:

· Selbsteinfühlung
· Erweiterung des Bedürfniswortschatzes

Anzahl der Übenden: Einzeln oder Plenum

Dauer: ca. 15 Minuten plus Zeit für Austausch

Material: Schreibutensilien, Kopiervorlage „Geld stinkt nicht". Diese Kopiervorlage finden Sie im kostenlosen Downloadbereich unter: **www.gewaltfrei-uebungen.de**

Beschreibung der Übung:

Laden Sie die Teilnehmer ein, eine Liste anzulegen mit Dingen, die sie für Geld erwerben. Bitten Sie sie, zu jedem dieser Dinge die Bedürfnisse hinzuzufügen, die sie sich damit erfüllen. Bitten Sie die Teilnehmer im nächsten Schritt sich zu überlegen, ob es andere Strategien als Geld gibt, um diese Bedürfnisse zu erfüllen.

188

Laden Sie die Teilnehmer zu einem Feedback darüber ein, was sie daraus gelernt haben.

100 Ich und mein Geld

Wachstumsmöglichkeit:

· Selbsteinfühlung
· Wertschätzung für Geld als Strategie

Methode: Aufstellungsarbeit
Anzahl der Übenden: Plenum
Dauer: ca. 30 Minuten

Beschreibung der Übung:

Bitten Sie eine Teilnehmerin eine Person auszuwählen, die sie als Stellvertreterin für „Geld" aufstellt. Bitten Sie die Teilnehmerin, sich und der Stellvertreterin einen Platz im Raum zu zuweisen und sich dadurch in Beziehung zueinander zu setzen. Laden Sie beide ein, in sich hinein zu spüren, wie es ihnen in dieser Position geht und was sie brauchen, damit sie sich gut fühlen. Vielleicht ist es eine Bewegung oder Geste.

Laden Sie beide ein, im weiteren Verlauf das Gefühl sowie die erfüllten / unerfüllten Bedürfnisse zu spüren. Vielleicht braucht „das Geld" Einfühlung und / oder Wertschätzung für die Bedürfnisse, die es erfüllt?

Laden Sie die Teilnehmerinnen zu einem Feedback darüber ein, was sie daraus gelernt haben.

189

101 Geben und nehmen

Wachstumsmöglichkeit:

· Selbstverantwortung
· Erkennen, unter welchen Bedingungen Geben und Nehmen Freude macht

Anzahl der Übenden: Kleingruppe
Dauer: ca. 30 bis 45 Minuten
Material: Topf oder Hut, Geld von den Teilnehmern

Beschreibung der Übung:

Die Übung besteht aus mehreren Runden, in denen Geld eingesammelt wird. Teilen Sie das Plenum in Kleingruppen à 6-10 Personen auf. Bitten Sie die Teilnehmer gemeinsam zu entscheiden, ob sie das Geld symbolisch geben und hinterher wiederbekommen, oder ob sie das Geld wirklich weggeben möchten. Dabei sind alle frei, so viel zu geben, wie sie möchten.

Erste Runde:

Jeder gibt Geld in einen Topf oder Hut. Anschließend wird dieser im Kreis herumgegeben und jeder nimmt sich so viel heraus wie er sich nehmen will. Es findet ein Austausch darüber statt.

Zweite Runde:

Jeder sagt, wofür er Geld haben möchte. Es wird erneut Geld gesammelt. Danach wird der Topf/Hut im Kreis herumgegeben und jeder nimmt sich so viel heraus wie er für seinen Zweck benötigt. Es findet ein Austausch darüber statt.

Dritte Runde:

Jeder sagt, wofür und wie viel Geld er haben möchte und benennt sein Bedürfnis. Es wird wieder erneut Geld gesammelt. Die Gruppe entscheidet gemeinsam, wie das Geld verteilt wird entsprechend den Bedürfnissen und den Strategien, die geäußert wurden. Es findet ein Austausch darüber statt.

Laden Sie die Teilnehmer zu einem Feedback darüber ein, was sie daraus gelernt haben.

EÜ Meine eigene Übung

Wachstumsmöglichkeit:

Methode:

Anzahl der Übenden:

Dauer:

Material:

191

Beschreibung der Übung:

Schlüsselunterscheidungen

In diesem Teil des Buches stellen wir Schlüsselunterscheidungen der Gewaltfreien Kommunikation vor.

Wenn Sie Ihre Gruppe inspirieren möchten, mit Fokus auf die Schlüsselunterscheidung weiterzuwachsen, laden Sie die Teilnehmerinnen ein, sich mit den Fragen zu den Schlüsselunterscheidungen zu befassen. Dies kann als Übung während eines Kurses oder Übungsgruppentreffens geschehen oder bei einem fortlaufenden Kurs / Übungs- gruppe als Anregung, im Alltag, die Aufmerksamkeit darauf zu lenken. Bei den nächsten Treffen besteht die Möglichkeit, sich darüber auszutauschen.

Die Fragestellungen ermöglichen den Teilnehmerinnen herauszufinden, ob sie aus GFK- Bewusstsein oder Alltags-Bewusstsein heraus handeln. Wir wollen damit den Eindruck vermeiden, es gäbe ein „Richtig" oder „Falsch".

Die Reihenfolge der Schlüsselunterscheidungen ist zufällig. Es gibt keine Rangordnung für uns.

193

S 01 Beobachtung / Wahrnehmung – Gedanken / moralische Bewertungen

a) Beobachtung / Wahrnehmung
Beobachtung ist, was ich mit meinen Sinnen wahrnehme. Die Beobachtung ermöglicht mir, mich mit meinen Gefühlen und Bedürfnissen zu verbinden.

Beschreibe ich wirklich das, was andere auch wahrnehmen könnten?

b) Gedanken / moralische Bewertungen
Mit Gedanken vermischte Beobachtung verhindert die Verbindung mit meinen Gefüh- len und Bedürfnissen. Ich bleibe im Kopf und bewerte moralisch (gut / schlecht – richtig / falsch).

Vermische ich meine Gedanken und Bewertungen mit meinen Wahrnehmungen?

S 02 Gefühle – Gefühle vermischt mit Gedanken/Pseudogefühle

a) Gefühle

Gefühle sind „Sensationen" im Körper, die anzeigen, dass Bedürfnisse erfüllt oder nicht erfüllt sind. Das kann von „kaum wahrnehmbar" bis „sehr intensiv" gehen.

Bin ich fokussiert auf das, was ich in meinem Körper spüre?

b) Gedanken/Bewertungen

Die Vermischung mit Gedanken führt ebenfalls zu „Sensationen" im Körper, die durch die Verbindung mit den Gedanken sich immer mehr aufbauen können bis zu einer „Explosion" oder „Implosion", wie z. B. Wut, Schuld, Scham. Dahinter stecken immer Gefühle, wie z. B. Hilflosigkeit oder Trauer (sekundäre Gefühle).

Habe ich Urteile im Kopf?
Denke ich, dass ich etwas (nicht) verdiene, dass etwas (un)gerecht ist?

c) Pseudogefühle

194

Pseudogefühle drücken (versteckte) Bewertungen oder Schuldzuweisungen aus (Gedanken), z. B. *„Ich fühle mich gedemütigt, verlassen, ..."* oder *„Ich fühle mich wie der Tiger im Käfig."* Gleichzeitig sind Gefühle vorhanden, die nicht wahrgenommen und ausgedrückt werden.

Mache ich mich oder andere verantwortlich für meine Gefühle?

S 03 Auslöser für Gefühle – Ursache für Gefühle

a) Auslöser für Gefühle

Auslöser für Gefühle sind Ereignisse, durch die unsere Bedürfnisse erfüllt oder nicht erfüllt sind. Wenn ich „Auslöser" von „Ursache" unterscheiden kann, bin ich nicht mehr

Opfer (Opfer der Ereignisse, von den Handlungen anderer abhängig, ...). Ich kann Wege finden, mir meine Bedürfnisse zu erfüllen, ohne dem Auslöser Verantwortung für meine Gefühle zu geben. Dadurch habe ich Handlungsfreiheit.

Bin ich mir bewusst, dass ich erfüllte/unerfüllte Bedürfnisse hinter meinen Gefühlen in dieser konkreten Situation habe?

b) Ursache für Gefühle

Ursache für Gefühle sind erfüllte oder unerfüllte Bedürfnisse. Ich übernehme die Verantwortung, Auslöser und Ursache für meine Gefühle zu unterscheiden und meine Bedürfnisse zu erfüllen.

Welche Bedürfnisse sind erfüllt/nicht erfüllt?
Bin ich mir bewusst, dass meine Gefühle von meinen Bedürfnissen verursacht wurden?

S 04 Bedürfnis – Weg (Strategie)

195

a) Bedürfnis

Ein Bedürfnis ist abstrakt und allen Menschen gemeinsam, unabhängig von Geschlecht, Herkunft, Alter oder Kulturkreis. Es kann durch verschiedene Personen auf verschiedenen Wegen erfüllt werden.

Bin ich offen für verschiedene Wege zur Erfüllung meiner Bedürfnisse?

b) Weg

Der Weg ist das konkrete Vorgehen, um mir mein Bedürfnis zu befriedigen. Es gibt für mich selbst und andere zahlreiche Möglichkeiten, dies zu tun.

Wie will ich mein Bedürfnis konkret erfüllt haben?

S 05 Bedürfnis – Bitte

a) Bedürfnis

Ein Bedürfnis ist abstrakt und allen Menschen gemeinsam, unabhängig von Geschlecht, Herkunft, Alter, Kulturkreis. Es kann durch verschiedene Personen auf verschiedenen Wegen erfüllt werden.

Bin ich offen für verschiedene Wege zur Erfüllung meiner Bedürfnisse?

b) Bitte

Die Bitte drückt einen Weg aus, mit dem ich das Bedürfnis erfüllt haben möchte. Sie ist an eine bestimmte Person, eventuell auch an mich gerichtet.

Sage ich konkret, was ich von wem will?

S 06 Bitte – Forderung

a) Bedürfnis

Eine Bitte lässt die Wahl, „Ja" oder „Nein" zu sagen. Bei einem „Nein" bin ich bereit, mir das Bedürfnis auf andere Weise zu erfüllen.

Bin ich offen für ein „Nein"?

b) Forderung

Eine Forderung lässt keine Wahl. Ob eine Bitte eine Forderung war, merke ich daran, wenn andere „Nein" sagen und ich ärgerlich darauf reagiere.

Reagiere ich auf ein „Nein" mit Ärger?

S 07 Bitte – Wunsch

a) Bitte

Eine Bitte ist positiv, konkret und jetzt machbar formuliert.

Ist meine Bitte jetzt machbar?

b) Wunsch

Ein Wunsch ist in die Zukunft gerichtet.

Erwarte ich ein Versprechen für die Zukunft?

S 08 GFK-Bewusstsein leben – GFK mechanisch anwenden

a) GFK-Bewusstsein leben

Es kommt nicht auf die Worte an, sondern auf die Haltung und die Intention meiner Handlung.

197

Handle ich aus einer wertschätzenden bzw. schützenden oder strafenden Haltung?
Bin ich bereit, in dem anderen einen Menschen zu sehen, der sich Bedürfnisse erfüllen will, auch wenn ich seine Handlungen nicht billige?

b) GFK – (nur) mechanisch anwenden

Benutze ich die 4 Schritte, um mein Ziel durchzusetzen?
Gehe ich die 4 Schritte ohne innere Beteiligung?

S 09 GFK-Ehrlichkeit (Selbstausdruck) – Alltags-Ehrlichkeit

a) GFK-Ehrlichkeit (Selbstausdruck)

Bleibe ich bei mir und drücke meine Beobachtung, Gefühl, Bedürfnis und Bitte aus?

>>

b) Alltags-Ehrlichkeit

Äußere ich moralische Bewertungen, Vorwürfe oder Schuldzuweisungen?

S 10 GFK-Bewusstsein – Richtig- und Falsch-Bewusstsein

Eine bekannte Falle ist, dass Menschen, nachdem sie die GFK kennengelernt haben annehmen, dass das GFK-Bewusstsein das „richtige" ist.

a) GFK-Bewusstsein

Fasse ich das, was jemand tut, so auf, dass es das Beste ist, was er kann? Dann wird das Konzept von „moralisch richtig und falsch" hinfällig.

b) Richtig- und Falsch-Bewusstsein

Beurteile ich eine Handlung als moralisch richtig oder falsch?

198 S 11 Werturteil – Moralisches Urteil

a) Werturteil

Es geht um die Bewertung, ob eine Aktion lebensdienlich ist, d.h. meine Bedürfnisse und die anderer erfüllt und ob sie im Zusammenhang mit einer konkreten Beobachtung steht.

Steht meine Bewertung im Zusammenhang mit einer konkreten Beobachtung? Versuche ich herauszufinden, ob eine Aktion die Bedürfnisse aller im Blick hat?

b) Moralisches Urteil

Ich beurteile die Handlung eines Menschen oder den Menschen selbst auf der Basis von richtig und falsch.

Beurteile ich die Handlung eines Menschen oder den Menschen selbst auf der Basis von richtig oder falsch bzw. nach meiner Wertvorstellung, die ich für allgemeingültig halte?

S 12 Einfühlung (Empathie) – Sympathie

a) Einfühlung (Empathie)

Bin ich ganz präsent bei dem anderen, d.h. vermute ich Beobachtung, Gefühl, Bedürfnisse und Bitte des anderen und überprüfe meine Vermutung, indem ich um Rückmeldung bitte?

Bin ich bereit, meine Urteile über seine Handlungen zur Seite zu stellen?

b) Sympathie

Bin ich gleichzeitig mit meinem Bewusstsein bei meinen und den Gefühlen, Bedürfnissen und Handlungen des anderen?

S 13 Einfühlung (Empathie) – Einverstanden sein

a) Einfühlung (Empathie)

Bin ich ganz präsent bei dem anderen, d.h. vermute ich Beobachtung, Gefühl, Bedürfnisse und Bitte des anderen und überprüfe meine Vermutung, indem ich um Rückmeldung bitte?

Ist es für mich wichtig, ob ich seine Handlung billige?
Bin ich bereit, meine Urteile über seine Handlungen zur Seite zu stellen?

b) Einverstanden sein

Entsprechen die Handlungen anderer meinen Werten und billige ich diese?

S 14 Liebe als ein Bedürfnis – Liebe als ein Gefühl

a) Liebe als ein Bedürfnis

Liebe ist in der Gewaltfreien Kommunikation als Bedürfnis definiert. Sie ist überlebenswichtig. Gleichzeitig umfasst sie viele andere Bedürfnisse, z. B. Geborgenheit, Schutz, Akzeptanz, Wertschätzung, Berührung, Nähe-Distanz, Sexualität, Feiern, Zugehörigkeit. Die Erfüllung dieser Bedürfnisse brauche ich unterschiedlich häufig. Ich kann darum bitten, wenn sie nicht erfüllt sind.

199

Ist mein (un)erfülltes Bedürfnis nach Liebe der Auslöser für ein Gefühl?

b) Liebe als ein Gefühl

Gefühle ändern sich mit der Situation. Die Gefühle, die umgangssprachlich mit dem Begriff „Liebe" beschrieben werden, nennen wir in der Gewaltfreien Kommunikation u.a. Wärme, Kribbeln im Bauch, Fröhlichkeit, Freude, Trauer.

Beschreibe ich ein körperliches Empfinden?

S 15 Selbstempathie – Ausagieren, unterdrücken oder schwelgen in Gefühlen

a) Selbstempathie

Bei Selbstempathie verbinde ich mich mit meinen Gefühlen und meinen Bedürfnissen und kann dadurch für eine Lösung offen sein.

Bin ich mit meinen Gefühlen und ihren Ursachen (meinen Bedürfnissen) in Kontakt?

b) Ausagieren, unterdrücken oder schwelgen in Gefühlen

Ausagieren, Unterdrücken oder Schwelgen in Gefühlen heißt, dass ich in meinen Gefühlen gefangen bleibe.

Gehe ich ganz in den Gefühlen auf?

S 16 Macht mit – Macht über

In Anlehnung an Miki und Inbal Kashtan, Bay NVC, USA.

a) Macht mit

Ich entwickle gemeinsam mit anderen Strategien, um meine Bedürfnisse und die der anderen zu erfüllen.

Nutze ich bewusst/unbewusst die mir zur Verfügung stehenden Informationen, materiellen oder intellektuellen Mittel, um mit anderen gemeinsam Strategien zur Erfüllung unserer Bedürfnisse zu entwickeln?

b) Macht über

Ich erfülle mir meine Bedürfnisse, eventuell unter Berücksichtigung der Bedürfnisse anderer, mit meinen Strategien.

Nutze ich bewusst / unbewusst die mir zur Verfügung stehenden Informationen, materiellen oder intellektuellen Mittel, um meine Bedürfnisse zu erfüllen und lasse anderen keine Wahlfreiheit?

S 17 Gebrauch von schützender – strafender Macht

a) Schützende Macht

Es ist eine Sonderform von „Macht über". Der Unterschied liegt in der Absicht, mit der ich die Macht ausübe und in der zeitlichen Begrenzung.

Übe ich Macht aus, um einen / mehrere Menschen zu schützen?

b) strafende Macht

Ich verurteile den Menschen und seine Handlung und will diesen durch Strafe dazu bringen, dass er sich meinen Wertvorstellungen entsprechend ändert.

Übe ich Macht aus, um andere zu bestrafen?

S 18 Wertschätzung – Zustimmung, Lob, Komplimente

a) Wertschätzung

Bei Wertschätzung teile ich meine Beobachtung, mein Gefühl in der Situation und mein erfülltes Bedürfnis mit.

Ist es meine Absicht, meine Beobachtung, mein Gefühl und mein erfülltes Bedürfnis mitzuteilen?

b) Zustimmung, Lob, Komplimente

Komplimente und Lob sind meine Bewertung der Handlung der anderen oder der Person. Zustimmung erfolgt auf Kopfebene und sagt nichts über meine Bedürfnisse, die erfüllt sind, aus.

Ist es meine Absicht, andere dazu zu bewegen, das zu tun, was ich will?
Oder ist es meine Absicht, meine Bewertung auszudrücken?

S 19 Feedback - Lob, Tadel und Kritik

a) Feedback

Bei Feedback teile ich meine Beobachtung, mein Gefühl in der Situation, mein erfülltes/unerfülltes Bedürfnis und meine Bitte mit, nachdem ich mich vergewissert habe, dass der andere bereit ist, es zu hören.

202

Ist es meine Absicht, meine Beobachtung, mein Gefühl, mein erfülltes/unerfülltes Bedürfnis und meine Bitte mitzuteilen? Habe ich mich versichert, ob der andere mein Feedback hören will?

b) Lob, Tadel und Kritik

Lob, Tadel und Kritik sind meine Bewertung der Handlung der anderen oder der Person. Tadel und Kritik bzw. Zustimmung erfolgen auf Kopfebene und sagen nichts aus über meine Bedürfnisse, die erfüllt/unerfüllt sind.

Ist es meine Absicht, andere dazu zu bewegen, das zu tun, was ich will?
Ist es meine Absicht, meine Bewertung auszudrücken?

S 20 Selbstbestimmte Wahl (Selbstermächtigung) – Unterwerfung / Rebellion

a) Selbstbestimmte Wahl (Selbstermächtigung)

Bei der Wahl erlaube ich mir die Möglichkeit, mich nach meinen Bedürfnissen zu entscheiden und gleichzeitig die Bedürfnisse anderer im Blick zu haben..

Handle ich, indem ich die Bedürfnisse beider Seiten im Blick habe?

b) Unterwerfung

Bei Unterwerfung oder Rebellion orientiere ich mich an dem, was andere von mir erwarten und nicht an meinen Bedürfnissen. Ich lasse mich fremd bestimmen und übernehme keine Verantwortung für mein Handeln. Ich denke, ich habe keine Wahlmöglichkeit.

Handle ich aufgrund von Sachzwängen (z. B. *„Das haben wir immer schon so gemacht"*, *„Das ist Firmenpolitik"*, ...), Angst vor Strafe, Schuld und Schamgefühl, Pflichtbewusstsein, indem ich das tue, was erwartet wird?

203

c) Rebellion

Handle ich aufgrund von Sachzwängen (z. B. *„Das haben wir immer schon so gemacht"*, *„Das ist Firmenpolitik"*, ...), Angst vor Strafe, Schuld und Schamgefühl, Pflichtbewusstsein, indem ich mich dem widersetze, was erwartet wird?

S 21 Selbstdisziplin – Gehorsam

a) Selbstdisziplin

Ich brauche Selbstdisziplin, um bei einer bestimmten Strategie zur Erfüllung eines Bedürfnisses zu bleiben, wenn ich aus dem Blick verloren habe, dass es zur Erfüllung des Bedürfnisses mehrere Strategien gibt. Selbstdisziplin kann mein Bedürfnis nach Integrität erfüllen, nämlich meinen Werten entsprechend zu leben.

>>

Bin ich mir bewusst, dass ich mich jederzeit neu für andere Strategien entscheiden kann?

b) Gehorsam
Gehorsam dient der Vermeidung von Strafe, Schuld und Scham.

Denke ich „ich muss", denke ich „ich habe keine Wahl"?

S 22 Natürlich – Gewohnt

a) Natürlich
Bedürfnisse und Gefühle sind natürlich, da sie allen Menschen eigen sind, unabhängig von ihrer kulturellen Prägung.

Bezeichne ich etwas als natürlich und damit als unveränderlich?

b) Gewohnt
Strategien zur Erfüllung von Bedürfnissen sind kulturell erworben und somit Gewohnheit. Häufig nehmen wir Gewohnheiten als natürlich wahr, weil wir durch Erziehung und Kultur damit aufgewachsen sind und sie als Muster im Kopf haben.
Für diese kulturelle Prägung können wir Verantwortung übernehmen.

Bin ich mir bewusst, dass eine Handlung aus kultureller Prägung stammt und ich diese verändern kann?

S 23 Gegenseitige Abhängigkeit (Interdependenz) – Abhängigkeit / Unabhängigkeit

a) Interdependenz
Gegenseitige Abhängigkeit heißt, dass wir uns gleichzeitig Bedürfnisse nach Gemeinschaft, Zugehörigkeit und Autonomie erfüllen. Die GFK erkennt an, dass Menschen nur in Verbindung mit anderen Menschen existieren und sich entwickeln können. Das tun sie

204

grundsätzlich auf Augenhöhe: Das ist die gegenseitige Abhängigkeit (Engl.: interdependence). Autonomie bedeutet, dass ich die Verantwortung für meine Gefühle und Bedürfnisse übernehme, um mit anderen in Verbindung zu bleiben. Gleichzeitig habe ich die Wahl, wie ich mir meine Bedürfnisse erfülle und dafür die Verantwortung übernehme

Handle ich, indem ich meine Bedürfnisse und die der anderen im Blick habe?

b) Abhängigkeit / Unabhängigkeit
Einseitige Abhängigkeit heißt, dass ich anderen Macht über mein Leben gebe, z. B. indem ich das tue, was andere wollen. Das Streben nach Unabhängigkeit verleugnet die gegenseitige Abhängigkeit. Es ist häufig eine Reaktion auf schmerzliche Erfahrungen in einseitiger Abhängigkeit.

Handle ich aus Schuld, Scham, Pflicht, um mir Liebe zu erkaufen, oder aus Angst vor Strafe? Handle ich, um mein Bedürfnis nach Autonomie zu erfüllen, ohne die anderen im Blick zu haben?

S 24 Mit dem Leben verbunden – dem Leben entfremdet

a) Mit dem Leben verbunden
Mit dem Leben verbunden bin ich, wenn ich bei meinen Gefühlen und Bedürfnissen bin oder / und bei denen des anderen.

Fühle ich mich in meine bzw. in die Gefühle und Bedürfnisse des anderen ein?

b) Dem Leben entfremdet
Dem Leben entfremdet bin ich, wenn ich über mich und andere urteile, interpretiere, Diagnosen stelle.

Bewerte ich mich oder den anderen nach moralischen Maßstäben?

S 25 Perspektivenwechsel (shift) – Kompromiss

a) Perspektivenwechsel (shift)...

... kann Konsent oder Konsens auf der Basis der GFK sein. Die Voraussetzung dafür ist die gemeinsame Vision. Konsent (Soziokratie) – Ich trage die Entscheidung mit und unterstütze die Umsetzung der Lösung unter Berücksichtigung der Bedürfnisse aller Beteiligten. Konsens – Ich bin bei unterschiedlicher Meinung ergebnisoffen und lasse mich von der Lösung finden, die die Bedürfnisse aller berücksichtigt. Ich stimme voll und ganz zu.

Konsent: Trage ich die Lösung mit und unterstütze deren Umsetzung?
Konsens: Stimme ich voll und ganz zu?

b) Kompromiss

Ein Kompromiss wird auf der Ebene der Lösungen (Strategien) entwickelt. Jeder gibt etwas auf. Bedürfnisse sind nicht das zentrale Entscheidungskriterium.

Kompromiss: Bin ich zufrieden mit der Entscheidung?

206

S 26 Nicht aufgeben – fordern

a) Nicht aufgeben

Die Erfüllung meines Bedürfnisses hat Priorität. Ich erfülle es mir, unabhängig von meiner Lieblingsstrategie in Bezug auf Handlungen / Personen.
Ich bin gleichzeitig bereit, den anderen zu hören.

Bin ich offen für andere Lösungen, um mir mein Bedürfnis zu erfüllen?

b) Fordern

Fordern heißt, den anderen unter Druck zu setzen, mein Bedürfnis so zu erfüllen, wie ich es mir vorgestellt habe.

Beharre ich auf meinen Strategien?

S 27 Achtung (Respekt) vor Autorität – Angst vor Autorität

Wir als Autorinnen tun uns schwer mit dem Begriff Autorität, weil er leicht mit einer hierarchischen Denkweise assoziiert wird und er für uns nicht zur GFK zu passen scheint.

a) Achtung

Bei Respekt erkenne ich das Wissen, die Kenntnisse und Erfahrungen des anderen an und sehe ihn gleichzeitig als Menschen.

Schätze ich das Wissen, die Kenntnisse und die Erfahrungen des anderen und sehe ihn gleichzeitig als Menschen?

b) Angst vor Autorität

Bei Angst vor Autorität handle ich aus Angst vor Strafe.

Handle ich aus Angst vor Strafe?

207

S 28 Verletzlichkeit / Stärke – Schwäche

a) Verletzlichkeit / Stärke

Indem ich meine Gefühle und Bedürfnisse in einer bestimmten Situation ausdrücke, mache ich mich verletzlich. Gleichzeitig gewinne ich aus der Verbindung mit meinen Gefühlen und Bedürfnissen Stärke.

Drücke ich mich mit meinen Gefühlen und Bedürfnissen aus?
Bin ich bereit, eine Bitte auszusprechen?

b) Schwäche

Schwäche empfinde ich in Situationen von Angst, Schuld oder Scham.

Ist es meine Motivation, Angst, Schuld, Scham oder Strafe zu vermeiden?

S 29 Idiomatische – (Klassische) und formale 4 Schritte der Gewaltfreien Kommunikation

a) Idiomatische 4 Schritte der Gewaltfreien Kommunikation

Es kommt auf die innere Haltung an, mit der ich mir selbst und anderen begegne. Wichtig ist, ob ich im „Empathie-Modus" bin. Die formale Einhaltung der 4 Schritte ist nicht entscheidend.

Kann ich mich und andere als Menschen mit Gefühlen und Bedürfnissen wahrnehmen?

b) Formale 4 Schritte der Gewaltfreien Kommunikation

Ich wende die vier Schritte als Methode ohne innere Präsenz an.

Versuche ich analytisch / mechanisch, die 4 Schritte anzuwenden?

„Bei der Gewaltfreien Kommunikation geht es um Worte.
Bei der Gewaltfreien Kommunikation geht es NICHT um Worte,
es geht um die Haltung / das Bewusstsein." Rosenberg

208

S 30 Empathisches Erraten / Vermuten / Ahnen – Wissen / intellektuelles Herumraten

a) Empathisches Erraten / Vermuten / Ahnen

Wenn ich in erkundender, empathischer Intention einen Menschen frage, äußere ich Vermutungen und lasse ihm die Möglichkeit, über das Angebot in meiner Frage mit sich in Verbindung zu kommen.

Vermute ich, was andere beobachtet haben, wie sie sich fühlen, welche Bedürfnisse (un)erfüllt sind, welche Bitte sie haben könnten und äußere das in Frageform?

b) Wissen/intellektuelles Herumraten

Gehe ich mit einer wissenden Haltung in die Situation, erschwere ich die Verbindung zwischen uns und die des anderen zu sich selbst.

Äußere ich eine Feststellung, was andere beobachtet haben, wie sie sich fühlen, welche Bedürfnisse (un)erfüllt sind?

Literatur

Diese Bücher erhalten Sie im örtlichen Buchhandel oder über D-A-CH deutsch sprechender Gruppen für Gewaltfreie Kommunikation e.V. unter: **www.gewaltfrei-dach.eu/medien**.

Doran, G. T.: There's a S.M.A.R.T. way to write management's goals and objectives, 1981.

Gaschler, Frank und Gundi: Ich will verstehen, was du wirklich brauchst, Gewaltfreie Kommunikation mit Kindern, das Projekt Giraffentraum. Kösel-Verlag, München 2009.

Hay, Louise L.: Liebe Deinen Körper – Positive Affirmationen für einen gesunden Körper), Lüchow, 2010.

Kornfield, Jack: The Art of Forgiveness, Lovingkindness, and Peace, Bantam Verlag, 2008.

Koshelya, Willi: The Conception of Ahimsa in Indian Thought. Varanasi 1974.

Oboth, Monika/Seils, Gabriele: Mediation in Teams und Gruppen: Praxis- und Methodenhandbuch. Konfliktklärung in Gruppen, inspiriert durch die Gewaltfreie Kommunikation, Junfermann Verlag, Paderborn 2008.

Rosenberg, Marshall B.: Gewaltfreie Kommunikation – Eine Sprache des Lebens, überarbeitete und erweiterte Auflage. Junfermann Verlag, Paderborn 2005.

Rosenberg, Marshall B.: Die Sprache des Friedens sprechen – in einer konfliktreichen Welt. Junfermann Verlag, Paderborn 2006.

Somé, Sobonfu: 2000, The Spirit of Intimacy, William Morrow Paperbacks, 2000.

Impressum

Das große Praxisbuch zum wertschätzenden Miteinander
101 Übungen zur Inspiration Ihrer Seminare und Gruppen auf Basis der Gewaltfreien Kommunikation.

Herausgegeben von Irmtraud Kauschat, Darmstadt: www.gewaltfrei-darmstadt.de und Birgit Schulze, Darmstadt: www.birgitschulze.com

© 2014 Kauschat / Schulze erschienen bei www.bod.de
Lektorat: Uwe Peter, Bielefeld
Layout- und Umschlaggestaltung, Satz: Suse Schmitt, Darmstadt, www.suschdesign.de
Illustrationen: Yo Rühmer, Frankfurt, www.yoruehmer.de
Fotos: Foto Studio Hirch, www.foto-studio-hirch.de
Herstellung und Verlag: BoD – Books on Demand, Norderstedt
ISBN 978-3-7357-6999-2
Erste Auflage: 2014
Zweite überarbeitete Auflage: 2017

„52 x ICH" Praxisbuch erscheint in 2017/2018

Wollen Sie Ihre beste Freundin oder Ihr bester Freund werden?

In diesem Buch finden Sie anregende, abwechslungsreiche und erfahrungsintensive Übungen auf Basis der Gewaltfreien Kommunikation. Diese ermöglichen Ihnen mit sich eine tiefe und liebevolle Verbindung zu erleben.

Die Autorinnen begleiten Sie mit 52 Übungen und 52 Schlüsselunterscheidungen bei Ihrem Prozess.

„52 x ICH" Tagebuch erscheint in 2017/2018

Dieses Tagebuch haben die Autorinnen entwickelt, um Sie in dem Prozess zu unterstützen, eine tiefe und liebevolle Verbindung mit sich zu erleben.